矢部万紀

智子さまという奇跡

GS
幻冬舎新書
539

はじめに

二〇一八年（平成三十年）十二月二十三日、天皇陛下は八十五歳になられた。事前に開かれた陛下の記者会見の映像がその日、たくさんのメディアで報じられた。

ご自身の人生と重ねながら、日本と世界の歩んだ道を振り返られる。そのような形で進められた約十五分の会見だった。中で陛下は、「私」という言葉を十五回使われた。

「私は即位以来、日本国憲法の下で象徴と位置付けられた天皇の望ましい在り方を求めながらその務めを行い、今日までを過ごしてきました」

途中までは、この発言を含む数回だけしか出てこなかったのが、突如として増えた。最終盤で「明年四月に結婚六十年を迎えます」と皇后美智子さまについてのお話になり、「私」がぐっと増えた。

「結婚以来皇后は、常に私と歩みを共にし、私の考えを理解し、私の立場と務めを支えてきてくれました」

この発言だけで三回。この後、陛下は美智子さまと国民への感謝をこのように語られた。

「天皇としての旅を終えようとしている今、私はこれまで、象徴としての私の立場を受け入れ、私を支え続けてくれた多くの国民に衷心より感謝するとともに、自らも国民の一人であった皇后が、私の人生の旅に加わり、六十年という長い年月、皇室と国民の双方への献身を、真心を持って果たしてきたことを、心から労《ねぎら》いたく思います」

時々、涙声になられた。

陛下が全身全霊で仕事をなさることで、即位のときから「象徴」と位置づけられた初めての天皇としての「旅」は、成功裏に終わろうとしている。今となっては、その成功が当たり前のことのようにも感じられる。だがそれは、決して当たり前に起きたのではなかった。美智子さまが「私」としての陛下を支えてこられたからこそ、実現した。それを改めて教えてくれた会見だった。

記者、編集者として、長く皇室報道に携わってきた。「お幸せな天皇ご一家」と当たり前のように報じ、「皇室の安定」も当たり前だと思っていた。

だがもしや、それは当たり前でないのでは。そう思うようになったのは、やはり皇太子妃雅子さまのご病気がきっかけだった。

かつて当たり前と思えたのは、なぜだったのか。それを考え行き着いたのは結局、美智子さまだった。

民間出身の初の皇太子妃になり、翌年に男の子を出産された。そのような幸運を当たり前のように実現され、皇后になられてからは災害が起こるたびに陛下とご一緒にいち早く被災地へ行かれ、国内外の戦争跡地では陛下の横で祈られた。当たり前のようにそうされる美智子さまのお姿から、私たちは「皇室の安定」が当たり前だと思うことができたのだ。

そのことに気づいたときに浮かんだ言葉が、「美智子さまという奇跡」だった。

この本で、美智子さまの「奇跡」の「軌跡」をたどった。後に続く世代についても、考えを進めていった。皇室は美智子さまという奇跡を得て、国民からいっそう敬愛を集めた。だが、奇跡はたびたび起こらないから奇跡という。

皇室を外から拝見する立場から論を進めるうち、皇室とどう向き合うかを国民一人ひとりが問われていると切実に思うようになった。

この本がそうした問題を考えるきっかけになれたら、こんなにうれしいことはない。

美智子さまという奇跡／目次

DTP 美創

第1章 マリア・テレジアと美智子さま

1　「ねむの木の庭」という美しきシンボル

「プリンセス・ミチコ」が咲く公園

「ねむの木の庭」という区立公園を訪れたのは、「プリンセス・ミチコ」と名前の付いたバラが、あちこちでオレンジ色の花を咲かせている頃だった。

元は皇后美智子さまのご実家で、東京都品川区東五反田五丁目にある。正田美智子さんは、ここから天皇家に嫁いでいった。

ご近所には大きな家や低層マンションが並び、外車と警備会社との契約マークがお約束だ。都内屈指の高級住宅街である通称「池田山」の頂上あたりなのだから、当然といえば当然だろう。

公園にしては小さめに感じるが、住むとなったら相当広かったと思う。いずれにしても、ここに建っていた住宅がどれほどのサイズ感だったかは想像するしかない。

写真で見るその家はモダンで品がよく、居心地がよさそうだった。塀も低く、威圧感とは無縁、むしろ温かさが伝わってくる。

それが取り壊され、二〇〇四年（平成十六年）に跡地が公園となり、「ねむの木の庭」と名付けられた。公園になるまでに、実はけっこうな騒動があったことを記憶している方がどれだけいるだろう。

「美智子さまのご実家」ということで、保存運動が起きた。善意の運動だったのが、善意の行き先が少し困ったというか不穏というか、奇妙な感じになった。

が、そうなったところで、突如、決着した。美智子さまが深く関与していた。実に鮮やかな決着のさせ方だった。

もちろん、美智子さまが直接に動いたわけではない。そうではないのだが、「いやー、こういう終わらせ方があったかー」と感動した。

思えばそれが、「美智子さまという奇跡」を実感した最初の出来事だった。

「美智子さまのご実家」保存運動

ことの発端は一九九九年（平成十一年）六月、美智子さまの父・英三郎さんが九十五歳で亡くなったことだった。日清製粉の名誉会長相談役だった英三郎さんの遺産総額が約三十三億円だと報じられたのは翌年で、美智子さまは相続を辞退、長男の巌さん（当時・日本火災海上保険顧問）、次男の修さん（同・日清製粉社長）、次女の安西恵美子さんの三人が相続した。

相続税は約十七億円にのぼり、三人はその一部として、池田山にある英三郎さんの五百八十平方メートルの土地と建物を物納することとし、二〇〇一年（平成十三年）六月に財務省の所有となった。

財務省はそこに建っていた住宅を取り壊し、土地を競売にかける予定だったのだが、それを知った地区の有志が美智子さまの実家であり文化的価値も高い建物だとして、保存運動を始めた。取り壊し反対と保存を求める約三千五百人分の署名を財務省と品川区に提出したのが二〇〇二年（平成十四年）十月だった。

これを機に、新聞各紙も「旧正田邸、取り壊し間近　美智子さまが育ち、ご成婚にわいた家」（朝日新聞十月二十七日）などと報じるようになり、気づけば連日、テレビのワイドショーが現地から実況中継をし、近隣の住民、遠くから来る人々などで大変なことになっていった。個人的な印象では、夕方のニュース番組がワイドショー化した始まりがこの頃だった。朝な夕な、「旧正田邸」を見た記憶がある。

正田邸のある地区が「池田山」と呼ばれるのは、江戸時代に岡山藩主・池田氏の下屋敷があったからだそうだ。それにふさわしい重厚さというか静謐《せいひつ》さというか、そういうもののある一帯のはずが、なにやらわーわーと騒々しい場所になっているなーと、眺めていた。

保存運動の中心となったのは、近所に住む七十歳の男性だった。美智子さまの育った家を大切にしてほしいこと、昭和初期の建物として文化的価値も高いことの二点を訴え、積極的にメディアの取材を受けた。

当時は、こんなことも報じられた。

〈旧正田邸は一九三三年（昭和八年）に建てられた和洋折衷住宅で、設計・施工は清水組（現・清水建設）。日本建築学会が八〇年（昭和五十五年）、大正・昭和戦前の主要建築をまとめた「日本近代建築総覧」にも登載され、「特に重要、注目すべきもの」の一つに挙げられている。〉

（読売新聞二〇〇二年十月三十日）

なるほど価値ある建物だが、この保存運動が盛り上がったのは、心情的なものが大きかったと思う。美智子さまと同世代の女性を中心に、全国津々浦々から人々が旧正田邸前を訪ね写真を撮り、テレビマイクを向けられるとご成婚時の思い出を語った。

ご近所の、やはり同世代の女性は、ご成婚が決まると大勢の人が提灯をもってお祝いに駆けつけたこと、美智子さまがお住まいから手を振って応えてくださったことなどを語っていた。

提灯行列の写真は、今も残っている。二階の出窓が白枠で田の字になっていて、それをもち上げて、正田美智子さんが手を振っている。三角屋根におしゃれな窓、美智子さんはとても幸せそうだ。

お嫁入り当日の朝、家族全員が門の前に立ち、車に乗り込む美智子さんをお送りする様子は多くの日本人が記憶する昭和のワンシーンだと思う。燕尾服の父・英三郎さん。母の富美子さんは黒留袖で下を向いている。美智子さんは肩に毛皮のショールを掛けて、長手袋をしている。

「皇后さまが育った家を、国の財源にするなんて」

「ご本人はどんなに切ない気持ちでいらっしゃるでしょうか」

そう訴える女性の声をメディアは拾い、ワイドショーではコメンテーターが「残念な判断」と財務省を批判していた。

しかし財務省の判断は「不動産鑑定評価上、老朽化が進み継続使用に耐えないため、解体して売却した方が国にとって有利」というもの。「遺族の意向でも異存がない」と建物を取り壊し、一般競争入札で土地を売却するための取り壊しが二〇〇二年（平成十四年）十一月と決まってから、反対する人々とそれを報じる人たちの動きがますます激しくなった。

財務省トップである塩川正十郎大臣が閣議後の記者会見で、「法律、政令通りにやるのが一番で、特例は避けたい」と語ったのは十一月五日だった。

相続税の物納案件として粛々と進めたいという説明だが、そこに割って入ったのが長野県の軽井沢町だった。戦前から皇室との関係が深く、町民も望んでいるからと、建物を移築、保存したいと財務省に申し出た。移築費用は一億数千万円と見込んでいるとのことだった。

お気持ち表明の鮮やかなタイミング

これはまるで「保存運動バーサス財務省」だなあと、このあたりまでは野次馬的にテレビを眺めていた。だがある日、なんだかちょっと様子が変わったぞ、おかしなことになってきたなあと思わせる出来事が起きた。

十一月八日、解体を落札した会社の社長が「受注辞退」を発表したのだ。住民による反対運動が明らかになってから一カ月近くたってのことだったが、その様子を見て「善意の反対運動の域を超えたのでは」と感じたのだ。

ユーチューブにその日のテレビ報道の映像がアップされていたのを今回、発見した。それを見て、当時の気持ちがまざまざとよみがえった。

まずは朝一番、解体を落札した会社の社長がさいたま市にある関東財務局を訪れた。それを伝えるテレビ画面には、「〝旧正田邸〟取り壊し急展開か」という文字が。次に、社長が旧正田邸にやって来た。

「今、旧正田邸前に、落札を辞退した業者の会社の方が記者会見を行うために到着しました」とレポーターらしき人が中継すると、待ち構えた保存運動の中心メンバーが近づき、「今回はありがとうございました。一億人に代わりまして」と社長の手をとった。

「国民全体」な感じが強調される。「あれ、そんなことなんだった？」と頭にハテナがともったところで、社長の「受注辞退」についての「記者会見」となった。

「日本に生まれ、日本で育ち、そして日本を愛し、一日本国民といたしまして、このような歴史的建造物を取り壊すということは非常に残念であり、かつ複雑な心境でありました」

そこから、自社であれば機械でいきなり壊すのでなく、柱、梁と丁寧に解体し、記念に残るものなどは美智子さまに返上する気持ちで入札に参加したのだと、過剰な謙譲語を駆使しての説明だった。そして最後は、

「大勢の国民のみなさま方の心情と私どもの心情とが重なり合うことに気づき、本日九時に、関東財務局総務部次長あてに、正式に解体工事の辞退届けを提出いたしました」

居合わせた大勢の人から拍手が起きたが、社長は硬い表情のままだった。「辞退なさったという勇気に、本当に感謝しています。涙が出ます」などと語る女性の様子も映った。

保存を望む一人ひとりが、善意の気持ちであることはわかる。だが、いつの間にか、善意がおかしなところに行きつつあるのではないか。そう思い、困った気持ちになっていた。

ところがその日のうちに、動きが止まった。止めたのは、美智子さまだった。

社長会見から数時間後、宮内庁の羽毛田信吾次長が記者会見を開き、「皇后陛下は保存を望む人々の気持ちを本当にありがたく思われながらも、これを残してほしいとのお気持ちのないことは常々申されている」と話したのだ。付け加えて「保存を固辞なさりたいお気持ちの中には、ご自身の願いとともに、終生静かに身を持されたご両親の願いもそうであろうとのお気持

ちが強くおありのようだ」との説明もあった。

このタイミングでのお気持ちの表明。直接ではない。保存運動を否定もしない。が、「保存の必要なし」という美智子さまの意思が公になった。

なんと鮮やかな手法だろう、と思った。「違和感」を抱かせるところまで来てしまった保存運動が、これで終わりになるのだなとホッとしたことも思い出した。

宮内庁の会見前後の動きを補足しておくなら、落札業者の「辞退」発表と同じ頃、群馬県館林市も「日清製粉創立の地」というゆかりから移築先に立候補すると表明したが、軽井沢町ともども、その日のうちに諦めることになった。

そして、宮内庁会見の直前に会見したのが品川区の髙橋久二区長で、解体後の跡地を購入し、旧正田邸にふさわしい公園にしたいと発表した。

以後、保存運動の地元住民グループが取り壊し差し止めの仮処分申請をしたりもしたが、公園化への動きは粛々と進んでいった。

四カ月後に建物が取り壊され、二〇〇四年（平成十六年）八月に「ねむの木の庭」が開園した。園名の由来は、美智子さまが高校時代に作詞した「ねむの木の子守歌」である。

美智子さまが陛下と、そこを初めて訪れたのは、二〇〇五年（平成十七年）五月。お二人はその後も何度か公園を訪れ、二〇一八年（平成三十年）六月にも足を運ばれた。翌年に天皇陛下の退位を控え、大勢の人々が出迎え手を振った。園内では、英国から贈られたバラ「プリンセス・ミチコ」が満開だった。

美智子さまは「もってる」

私が公園を訪れたのは、その少し前だった。ネムノキをはじめ、美智子さまゆかりの植物をゆっくり見て回った。植物の前にはパネルがあり、「ゆかり」を説明する代わりに、美智子さまが詠まれた御歌が掲示されている。公園内にある御歌は合わせて十首だったが、そのうち二首を紹介する。

わが君のいと愛《め》でたまふ浜菊《はまぎく》のそこのみ白く夕闇《ゆふやみ》に咲く（「菊」）

仰《あふ》ぎつつ花えらみゐし辛夷《こぶし》の木の枝《えだ》さがりきぬ君に持たれて（「ある日」）

この二首を選んだのは、美智子さまを象徴する御歌だと思うから。公園を歩き、この二首を読み、「美智子さまは、もってるなー」。今どきの言葉で恐縮だが、そう思った。

ハマギクは、東日本大震災と天皇陛下、そして美智子さまをつなぐ花だ。

お二人が被災地、被災者にお心を寄せていることは、誰もが知るところだ。そのことを示す一つにハマギクがある。

それは一九九七年（平成九年）、お二人が岩手県大槌町で開かれた「全国豊かな海づくり大会」に出席され、「浪板観光ホテル」に泊まったことに始まる。

陛下がホテルの崖下に咲くハマギクの花に目を留められた。翌日、群生する崖近くまでお二人をご案内し、後日、苗をお送りしたのが役員の山崎龍太郎さんだった。

二〇一一年（平成二十三年）、東日本大震災が起き、山崎さんは津波の犠牲となった。

それから七カ月がたった十月、美智子さまのお誕生日にあたり写真が公開された。陛下と和服姿の美智子さまの後ろに、ハマギクが咲いていた。その写真を見たのが、山崎さんから経営を引き継いだ弟の千代川茂さんだった。

写真の花は兄の送ったものと確信した。再建には十億円が必要とされ悩んでいたが、再建を決意、二年後に「三陸花ホテルはまぎく」と名前を変え、再スタートを切った。

それから三年、陛下と美智子さまは大槌町を訪れ、同ホテルに宿泊した。多くのメディアが千代川さんを取材、山崎さんと陛下のこと、美智子さまのお誕生日のお写真のことなどを報じた。陛下は出迎えた千代川さんに「よく頑張りましたね」と声を掛けられたという。

美智子さまが御歌「菊」を詠まれたのは、一九九一年（平成三年）。そのときは陛下がお好きな花を詠まれただけだったろう。それから二十年後に東日本大震災が起きてしまった。だがそこから、陛下と美智子さまのハマギクの写真に力を得て、再出発を果たした人がいる。その花が美智子さまのご実家の跡地で毎年咲き、そこには御歌が飾られている。

これって、すごいことだなあと思う。そういうことが起こるって、「もってる」ってことだなあと思う。

二首目のコブシは、陛下と美智子さまの愛情を語る花だ。

二〇〇九年（平成二十一年）、お二人はご結婚満五十年にあたって記者会見をなさった。

「結婚してよかったと思った瞬間は」という質問があった。

陛下から「皇后はまじめなのですが、面白く楽しい面を持っており、私どもの生活に、いつも笑いがあったことを思い出します」などのお言葉があった。美智子さまは「本当に小さな思い出を一つお話しいたします」という前置きの後、こう話された。

「春、辛夷の花がとりたくて、木の下でどの枝にしようかと迷っておりましたときに、陛下が一枝を目の高さまで降ろしてくださって、そこに欲しいと思っていたとおりの美しい花がついておりました。うれしくて、後に歌にも詠みました。歌集の昭和四十八年のところに入っています」

新婚の頃であろうときに感じた喜びを、ご結婚から十年以上たって歌に詠まれ、金婚式で再度、お話しになる。その間に実家が公園になり、その木が植えられ、毎年花を咲かせる。公園ができるから、コブシの歌を詠んでおこう。そこに夫への思いを込めておこう。そんなふうに計算することなど、誰にもできはしない。

なのに、美智子さまのご実家の跡にできた公園でコブシが花を咲かせ、その下にはパネルがあって、陛下との思い出の御歌が掲示されている。

結局、一貫性なのではないだろうか。

ご結婚以来、気持ちのブレることがない。その揺るぎのなさが「もってる」になる。

公園で私は、そんなことを考えていた。

2 マリア・テレジアから マリー・アントワネットへの教え

地位ある者の振る舞い方

美智子さまのご実家である「旧正田邸」の保存運動が熱を帯びていった頃、私はある一冊の本を読んでいた。

『マリー・アントワネットとマリア・テレジア　秘密の往復書簡』（パウル・クリストフ編、岩波書店刊）。実におもしろく、四百ページを超える歴史書を一気に読んだ。

オーストリアの女帝マリア・テレジアと、十四歳でフランス王太子妃（のちに王妃）となった娘。母は若く勉強嫌いの娘が心配でならず、手紙を書き送っては「地位ある者の振る舞い方」を説いていた。

どう振る舞うべきか。

その模範解答が、「旧正田邸」をめぐる美智子さまの判断――そう思った。地位ある者の振る舞いとしての完璧さ。美智子さまという奇跡を実感させられた。

同書が発売されたのは、二〇〇二年（平成十四年）九月末で、書店で見つけてすぐに購入した。そのときは美智子さまと関連づけてのことでは全くなく、「ベルばらだー」と思ったから買ったのだ。

『ベルサイユのばら』、通称ベルばら。「週刊マーガレット」に連載された池田理代子作の傑作マンガ。マリー・アントワネットが嫁ぎ、処刑されるまでを近衛連隊長オスカルという架空の人物を主人公に描いたもので、私のフランス革命の知識はすべて『ベルばら』に基づいている。『マリー・アントワネットとマリア・テレジア　秘密の往復書簡』を見た瞬間、池田の描いたマリア・テレジアの顔を思い出した。表紙にあった肖像画とよく似ていたのだ。ワクワクして読み始めた。

書簡に入る前に編者まえがきがあり、「秘密の往復書簡」の「秘密」とは何かが明かされる。この書簡が真筆であることはすでに決着済みなのだが、過去に出版されていたものには大幅に省かれている（または伏せられている）部分があり、今回はそれをすべて明らかにしたという。

それはアントワネットの夫（結婚四年目にルイ十六世になる）の身体的な問題で、「完全な夫婦」になったのは結婚七年目だったという。なるほどアントワネットが贅沢三昧に走る背景として、こういうことがあったのかと納得して読み始める。

女帝は婿の体のことをアントワネットからの手紙で知るのだが、それはさておきというべきか、勉強嫌いで好奇心の強い娘を一貫して心配している。

「好奇心が強い」は、今を生きる女性であれば長所とされるのではないだろうか。だが、女帝のアントワネットを案ずる気持ちの根底には、彼女の好奇心の強さがある。たとえば嫁いですぐの書簡で、陰口をきく人との付き合い方（黙らせるか、近づけないか、遠ざかるかせよ、とある）を指南し、心配なのだ、あなたは好奇心が強いから、と書いている。

もう一つ心配しているのが、アントワネットの勉強嫌いだ。結婚が決まりフランスからの教育係をつけたが、フランス語はお粗末なまま、しかもベルサイユに着いてすぐにウィーンで使っていたドイツ語を忘れてしまったのだそうだ。

これはなかなかなお嬢さんである。だから女帝は、娘が嫁ぐ日（一七七〇年四月二十一日）にもたせた一通目の書簡でまず、目覚めたらすぐに朝の祈りを唱えること、読んでいる本について自分に知らせること、その二点を細かに命じている。それからやっと、王太子妃としての心得の話をする。引用してみる。

〈あなたは特別なことを要求してはなりません。わが国で普通に行われていることをしようとなさってもいけませんし、見習うよう求めてもいけません。私の願うのはそれとはまったく逆で、あなたは無条件に、フランスの宮廷でいつも行われているとおりにしなければいけません。〉

これが、単に「郷に入っては郷に従え」といった意味でないことは、この本をさほど読まずともわかる。人には馴れ馴れしい態度でなく、思いやりと優しさを示し、自発的に行動せよ。そう繰り返し諭している。その上で「特別なこと」を禁じる。そこがポイントだと思う。

「あなたこそヴェルサイユで人の手本となるべきなのです」と女帝は命じるのだが、アントワネットは叔母たちの言いなりになり、カード遊びと乗馬に興じる。そんな暮らしを見て取った女帝は、娘の嫁いだ翌年の書簡では苛立ちを見せることが増える。

「尊敬されたいと思ったら、自分の役割を果たすということを理解せねばなりません」としたところで、筆の調子を変え、「このままなりゆきにまかせていれば、あなたを待っているのは途方もない不幸だけだと、私は今から断言できます」（一七七一年九月三十日）と書くのだ。

まるで娘の悲劇的な最期を予見したような文章だが、ほめもし、なだめもした上で、なんとか自分の思う王太子妃（結婚四年目からは王妃）にしたいと必死な女帝の思いが痛いほど伝わってくる。

では、彼女が思うのはどんな王太子妃、王妃なのか。それを解く鍵が「特別なこと」であり、さらに端的に表した言葉が、王妃になった翌々年の書簡にある。

女帝はアントワネットに、身を飾り立てることを厳に慎めと書いた後、こう諭す。

「このような不謹慎な行為によって、せっかく最初からあなたのものになっていた声望を台な

しにしないでください」（一七七六年十月一日）

「最初からあなたのものになっていた声望」、私なりに言い換えるなら、「あなたはあなたであるだけで尊い存在」だと思う。だからこそ、「特別なこと」をしても、求めてもいけない。ただ優しさを示す——女帝が娘に伝えた「地位ある者の振る舞い方」とは、こういうこと。私なりの解釈だ。

「特別なこと」をしない、求めない

ここで、美智子さまのご実家保存問題に戻る。

「旧正田邸」が連日報道されていた頃、私は朝日新聞のあるサイトで短い書評を連載していた。そこで『マリー・アントワネットとマリア・テレジア　秘密の往復書簡』を取り上げ、美智子さまと結びつけて、書いた。

一部を引用する。

〈「取り壊し」を落札していた業者が辞退するってなことまで起きていた。そんな時、宮内庁が発表したのが、「保存をお望みでない」という美智子皇后のお考えだった。この本を読み進めながら、なんだかそのことが頭を離れなかった。そして、だんだんこう思うようになった。マリア・テレジアの娘が美智子さまだったら、マリアも心安らかな日々を送れただろうなあ、と。マリアはこんなふうに手紙を書くはずだ。

「このほどのあなたのご判断、こちらでもとても評判になっています。みな、実に立派な態度であったと、わたしに報告してくれます。それでこそ、フランス王妃、そしてわたしの娘です」〉

（asahi.com 二〇〇二年十二月四日）

宮内庁の羽毛田信吾次長が、「残してほしいとのお気持ちのないことは常々申されている」と記者会見で説明をした。その三日前に、財務省トップである塩川正十郎大臣は、閣議後の記者会見で、「法律、政令通りにやるのが一番で、特例は避けたい」と語っていた。塩川大臣が言ったのは、「特別なことをしない」ということであり、美智子さまのお気持ちは「特別なことはしてほしくない」ということなのだ。

『マリー・アントワネットとマリア・テレジア　秘密の往復書簡』で女帝が繰り返し説いていた「地位ある者の振る舞い方」、あるべき王妃像、そこに美智子さまがピッタリ重なった。

役目は「夫ファースト」

マリア・テレジア学校というものがもしあれば。そんな想像をしてみる。美智子さまは、学校一の優等生だと思う。

成績表代わりに、小池政行さんとのエピソードを紹介する。

医師であり、元外交官の小池さん。国際人道法の専門家で人道と政治、戦争などについての著書も多いが、天皇皇后両陛下との個人的な交流があり、そのことを時に公にしている一人である。

最近では「文藝春秋」の「平成三十年の日本人へ」という特集（二〇一八年二月号）に寄稿していて、その中で御所に通うことになったきっかけについて書いている。

外交官時代の一九八六年（昭和六十一年）、担当国のフィンランドの大統領夫妻が国賓として訪日するにあたり、夫妻の飛行機に同乗した。羽田空港に着陸すると、出迎える皇太子殿下ご夫妻（当時）が見えたので、タラップを駆け下り、美智子さまの後ろに控えて通訳をしようとしたそうだ。

ここからは引用する。

〈通訳は本来、名前を呼ばれることはほとんどなく、「おい通訳」とか「君」などと呼びかけられるのが普通である。ところがこのとき、美智子さまは「小池さん」と呼びかけられたのだ。その瞬間の驚きと戸惑い、そして一瞬遅れて自分の中に沸き上がってきた大きな喜び――私はこの出来事を、終生忘れることができない。〉

『マリー・アントワネットとマリア・テレジア　秘密の往復書簡』で、マリア・テレジアはこう説く。

〈参内資格をもたない者たちには、やさしい気遣いと深い慈愛の心を見せて守ってやりなさい。（中略）そしてまさにこうした振る舞いこそ、私たちのような身分の者のもつ唯一の力であり幸せなのです。〉（一七七一年五月八日）

今の日本に「参内資格」を分ける身分があるわけではないが、女帝が説くところを美智子さまが実践していることは、小池さんの文章からよくわかるだろう。

もう一つ、マリア・テレジア学校の教えと、美智子さまの言葉を紹介したい。

〈妻は何ごとにつけても夫に従い、ひたすら夫に気に入られるように、そして夫の意志が成就するように、努力していればいいのです。この世で唯一の真の幸せは、結婚生活の幸せです。〉（一七七〇年五月四日）

〈私がこの前の手紙でお薦めしたこと、よくよく考えてください。つまり、陛下の女友だちにして無二の親友になるよう努める、という件です。そうなれるかどうかに、陛下の幸せもあなたの幸せもかかっているのです。〉（一七七四年六月十六日）

マリア校長がここで言っているのは、家庭内の話だけではない。一七七四年の書簡はアントワネットが王妃になった直後のもの。女帝はここで、娘婿（つまりフランス国王）のこれからについても書いている。すべきことは、国民との信頼感の醸成だとマリア・テレジアは説いている。だから、妻の役目は「夫ファースト」、王の役目は「国民ファースト」。そうあるべしという指示と読める。

美智子さまは一九九四年（平成六年）、誕生日にあたり、記者からの質問に文書で回答した。皇室に入って三十五年という節目でもあり、「皇后さまが陛下とお二人で（皇室に）新しい風を吹き込まれた」という意見があることについての美智子さまのお考え、また目指している皇室像について、が問われた。

美智子さまの回答を引用する。

〈皇室も時代と共に存在し、各時代、伝統を継承しつつも変化しつつ、今日に至っていると思います。この変化の尺度を量れるのは、皇位の継承に連なる方であり、配偶者や家族であってはならないと考えます。（略）私の目指す皇室像というものはありません。ただ、陛下のお側にあって、全てを善かれと祈り続ける者でありたいと願っています。〉

「百点満点」。そういうマリア校長の声が聞こえるのは、私だけだろうか。

小泉信三が皇太子殿下に説いた帝王学

ところで、というか今さらなのだが、マリア校長が教えているのは「帝王学」というものだろう。

美智子さまの行動が、自ずとマリア・テレジアという大いなる女帝の説く帝王学にかなっていることに「奇跡」を感じたわけだが、それにしても、と思う。

現実の美智子さまは、マリア・テレジア学校に通ったことがあるわけではない（当たり前だ）。それなのになぜ、こんなにも優等生なのだろう。

ここからは、小泉信三学校に通った陛下の話をする。正確には、小泉さんが皇太子さま（当時）の住む東宮仮御所のある渋谷区常盤松に通っていたのだが。

二〇〇八年（平成二十年）、東京・三田の慶應義塾大学で「生誕一二〇年記念　小泉信三展」が開かれた。戦前から戦後にかけて慶應義塾大学塾長を務め、一九四九年（昭和二十四年）に東宮御教育常時参与になった小泉さんの展覧会は、陛下と美智子さまもおそろいでご覧になった。

そこで公開されたのが、小泉さんが初めて殿下（当時）にご進講をするにあたって書いた「御進講覚書」だ。校長から生徒へ心構えを説く内容で、一九五〇年（昭和二十五年）四月二十四日の日付け。最初の方に、こうある。

〈凡べての御進講に先だち、常に殿下にくり返し御考へを願はねばならぬことは、今日の日本と日本の皇室の御位置及び其責任といふことであります。この事はすでに一度昨年申し上げたことでありますが、くり返して申上げます。〉

そこから小泉さんは、近代の歴史を振り返り、敗戦国では民心が王室から離れ、君主制が終わりを告げるのが普通だと、フランスをはじめ国名をあげて説いていく。だが、日本はそうはならなかった、それはなぜか。「一には長い歴史でありますがその大半は陛下の御君徳によるものであります」

そう書き、ややあって、再び「君徳」に触れる。

〈私どもが天皇制の護持といふことをいふのは皇室の御為めに申すのではなくて、日本といふ国の為めに申すのであります。さらにその日本の天皇制が陛下の君徳の厚きによつて守護せられたのであります。〉

「私ども」とは国民だろう。皇室のために天皇制があるのではない。国のためにある。国民はそう考えているのだと、はっきり述べている。戦争で長男を亡くし、自身も東京大空襲で火だるまになり、大きな火傷跡とともに生きる人の文章だ。読む者の胸に迫る。これを聞いたであろう殿下（当時）の胸にも、迫るものがあったに違いない。

天皇制が守られたのはトップの君徳ゆえだ、「だから勉強せよ」、そして「君徳について考えよ」と小泉さんは繰り返している。最後には、そのことをこう表現している。

〈新憲法によつて天皇は政事に干与しないことになつて居ります。而かも何等の発言をなさらずとも、君主の人格その識見は自ら国の政治によくも悪くも影響するのであり、殿下

の御勉強と御修養とは日本の明日の国運を左右するものと御承知ありたし。〉

君の努力が国運を決めると師に迫られ、いい加減な気持ちでいられる生徒などいるはずがない。

実際の「小泉学校」は、どんなふうに進められたのだろうか。授業の一端を知ることができるのが、『ジョオジ五世伝と帝室論』という小泉さんのエッセイ集だ。小泉さんが亡くなって二十三年後の一九八九年（平成元年）、昭和が終わり平成になったタイミングで出版された。

タイトルは、著者が陛下とともに読んだ二冊の本からとられている。

『帝室論』（福澤諭吉著）は一八八二年（明治十五年）に書かれたもの。本書にはさまざまな諭吉の文が引用されているが、その一つ「帝室は独り万年の春にして、人民これを仰げば悠然として和気を催す可し」など、まさに「国民の統合の象徴」と読める。この本は、『運命』（幸田露伴著）と交互に音読したという。

『ジョオジ五世伝』（ハロルド・ニコルソン著）は五百三十ページの大著だと、小泉さんは何度も書いている。日本語訳のページ数ではなく原著のページ数で、小泉さんと陛下はそれを輪読し、読み終えたのは美智子さまとのご成婚一週間前だったという。

ジョオジ五世は、小泉さんが二十代で初めてロンドンに留学した当時の国王だ。本書に「或る国王の生涯について思う」というエッセイが収められている。小泉さんは、かの王をこう評価している。

〈思うに、王は智勇天品という型でなく、その生涯に公衆の前でジェスチュアを示すようなことは一度もしなかったが、ただ誠実に一貫してその国王たる義務を行うことを懈《おこた》らぬ、二十五年余の治世の間に、何時か抜き難い信頼を英国人の心に植え附けた。〉

ジェスチュア。これはつまり、マリア・テレジアの言うところの「特別なこと」だと思った。それを公衆の前で一度も示さなかったというジョオジ五世。「特別なことをしても、求めてもいけない」と娘を戒めたテレジア。ピッタリ重なる。

「ただ誠実に一貫してその国王たる義務を行うことを懈らぬ」は、「自分の役割を果たすこと」。これもテレジアの教えだ。

同書の中には、小泉さんが若き殿下の果たすべき「義務」について書いた文章も入っている。「これからの皇太子殿下」というエッセイで、初出は一九五二年（昭和二十七年）十二月十八日の毎日新聞。十一月十日に立太子の礼と成年式を終えての文章だ。

〈世の君主たり皇子たるものの第一の義務が、人の疾苦を思うに在ること、人は人に仕える（serve）ことによって、始めて真に仕えられる（be served）資格を得ることを、強い確信として体得なさるであろう。私は実にそれを期待するのである。〉

「小泉信三展」で公開された「御進講覚書」にあったヒリヒリするような気迫が、殿下への信頼感が強くなることで薄まり、殿下が「国民ファースト」の皇子、そして君主になれるという思いを温かく述べている。そんな読後感を覚えるエッセイだった。

なるべくしてなった優等生

さて小泉さんといえば、言わずと知れた陛下と美智子さまの橋渡し役だ。同書には、お二人の婚約が発表された後のエッセイ「この頃の皇太子殿下」も載っている。そこで小泉さんが明かしたのは、殿下のある言葉だった。引用する。

〈私は殿下がいわれたお言葉をよく憶えている。それはこういう意味のものであった。

自分は生れからも、環境からも、世間の事情に迂《うと》く、人に対する思いやりの足りない心配がある。どうしても人情に通じて、そういう深い思いやりのある人に助けてもらわなければならぬ。

それは二、三年前のことであった。正田美智子嬢との婚約が定まった今、私はしきりにその時のことを思う。〉

「思いやり」は、マリア・テレジアの書簡にも何度も出てくるキーワードだ。

小泉学校の殿下と出会った、深い思いやりをもつ正田美智子嬢。皇太子妃となり殿下と過ごすうちに、小泉さんが太鼓判を押した「思いやり」はすぐに「国民ファースト」へと昇華したはずだ。

小泉さんとマリア・テレジアの教えは、重なる点がとても多い。「思いやり」に限らず、美智子さまは殿下を通じて次々と小泉さんの教えをご自分のものにされていったに違いない。だから皇后になったのちの振る舞いが、『ベルばら』育ちの私の目にはマリア・テレジア学校の優等生に映った。

一方でこうも思う。お二人の出会いはやはり運命で、美智子さまは、マリア・テレジア学校の優等生に、なるべくしてなったのだ、と。

3　勤労奉仕団という支持基盤

大人気のボランティア

こんなに人気があるとは、知らなかった。

「皇居勤労奉仕」のことだ。

何かというと、皇居と赤坂御用地の掃除をするボランティア。参加する気満々でいた。一回に百人以上が参加できると聞いていたので、楽勝で参加できると思っていた。が、甘かった。

宮内庁ホームページを開いて、「皇居勤労奉仕のご案内」を見た。参加申し込みのところをポチって、来月あたり掃除するぞ、などと思って、説明を読み始めた。

「美しい皇居を守る力」──それが、皇居勤労奉仕です。

そう説明が始まった。一九四五年（昭和二十年）五月に空襲で焼失した宮殿の焼け跡を整理するため、宮城県内の有志が勤労奉仕を申し出たことが始まりだと続いていた。そうか、終戦前から続いているのか。伝統あるボランティアだ。

作業内容について「連続する平日の4日間、皇居と赤坂御用地で除草、清掃、庭園作業などを行います」とあって、あら一日じゃないのね、と思ったあたりで、己の認識の甘さを悟るべきだった。次にこういう文章があったのだ。

〈広い場所ですから個人でというわけにはいかず、15人から60人までの団体による参加をお願いしています。団体は地域の集まり、職場の仲間、学生有志などの構成が主です〉

ガーン。一人で参加しようと思っていたのに、ダメなのか。友だちに声をかけて、十五人集める力量は、到底ない。

しかし少し考えれば、一般参賀や皇居参観などでは入ることのできないディープな場所での作業なのだ。宮内庁としても「ちょっと行ってみようかなー」などというノリの人に来てもらうわけにはいかないのだろう。当然といえば当然だ。

参加は諦めた上で、どれくらいの人が参加しているのだろうかと「皇居勤労奉仕の受付状況」を見て、驚いた。「余裕あり」の○がついているのは半年先だけで、それより前はずっと「受付終了」の×、「多少の空きあり」の△もない。

さらに調べると、希望する月の六カ月前の末日までに申請書を郵送し、その際に団長以下参加者全員の名前や住所を書き、日程は第三志望まで出した上で、希望が多ければ抽選になる、とわかった。

これほどの手間をかけて、それでも参加したいという人がかくも多いとは。こんなに人気のボランティアってほかにもあるかしら、と今さらながら思った。

「ご会釈」という特典

と書いたものの、なぜ人気なのか想像はついていた。「ボランティア特典」というか、そういうものがあるのだ。

宮内庁ホームページの「皇居勤労奉仕のご案内」に「特典」コーナーがあるわけではもちろん、ない。だが、申込者もそれを知っているはずだ。奉仕団に参加した何人もが、ブログやSNSなどで勤労奉仕体験を書いているが、必ずそのことを書いている。「感激した」「ありがたい」などなど、と。

それは陛下と美智子さま、または皇太子さまの「ご会釈」というもの。勤労奉仕団に参加すると、会釈をもってねぎらっていただけるのだ。

「会釈」を広辞苑で引くと「にこやかにうなずくこと。軽く首を垂れて、一礼すること」とある。その通りであれば、陛下と美智子さままたは皇太子さまが、にこやかにうなずいたり一礼したりしてくださる、となる。だが、それだけではないからこそ、「特典」なのだ。

二〇〇九年（平成二十一年）四月、NHKが「天皇皇后両陛下　素顔の50年」という特別番組を放映した。ご結婚五十年という節目に皇居内での映像をふんだんに使用した番組で、「ご会釈」の場面も映っていた。

愛知県の農協女性部と福島県の赤十字奉仕団がその日の奉仕者。全員が女性。ずらりと並んで天皇陛下と美智子さまを待っている。宮殿近くに「蓮池参集所」という建物があり、そこで会釈をされることが多いようだが、この日は屋外だった。

「お二人は集まった人たちの普段の仕事や活動をあらかじめ頭に入れて、お会いになります」

そういうナレーション通りに、陛下が「今もバラは随分重要な」作物なのかと愛知県の農業事情を、「血液の方はなかなか」集まらないのかと献血事情を質問される。すぐさま代表者が答える。そこからさらに質問が続いているのだろう、バラ以外にも盛んな農作物の話や若い人の献血事情など、代表者は熱心に語っている。

美智子さまの声が、その後に入る。

「献血を」。「備えてくださるとね」。「ありがとう」。親しみ深く、女性陣に近づいて語られる。季節は冬。美智子さまは手袋をされている。「今日は寒かったでしょう」と美智子さまが言うと、「私たち東北だから、寒さには強いんです」と赤十字奉仕団の代表者の声。雪は少ないが、安達太良山《あだたら》からの風が冷たいのだと地元の気候を説明する。

美智子さまを前に、つい長く答えたくなる。その奉仕者の気持ちが伝わってくる。女性と美智子さまのやりとりを、陛下が優しい表情でご覧になっている。

にこやかに手を振られるお二人の映像。そして、御所の方へお戻りになる背中。

そこからの女性陣の様子をカメラがとらえる。

「よかったー」。「ステキだったー」。あちこちから感想が聞こえる。整列から一転、肩を叩き合ったり、手を取り合ったり。涙をぬぐう人もいる。「私、美智子さんと抱き合ったー。こんないいことないわー」。そんな声も聞こえてきた。

気持ちを込めた会話を週に二回も

美智子さまの御歌には、勤労奉仕団を詠まれたものもある。一九八二年（昭和五十七年）のもので、「牡丹」とお題がつけられている。

皇居奉仕の人らの言ひし須賀川《すかがわ》の園《その》の牡丹を夜半《よは》に想へる

福島県須賀川市には「須賀川牡丹園」がある。その歴史は一七六六年（明和三年）にさかのぼり、二百九十種、七千株もの牡丹が咲くという。

須賀川市から来た勤労奉仕団の誰かが、この観光名所に咲く牡丹の花の美しさを語ったのだろうか。通り一遍の会話では記憶には残らず、夜に思い返すことなどないだろう。気持ちを込めて丁寧に会話をされているから、御歌にも詠まれるのだと思う。

「ご会釈」のすごさは、それだけにとどまらない。頻度もすごい。たまに奉仕の人と会う。珍しいので丁寧にしよう。そういうものでは、全くないことを説明していく。

宮内庁ホームページを見ると、「天皇皇后両陛下のご日程」または「皇太子同妃両殿下のご日程」というページがある。日々のご公務がこと細かに書かれている中に、「ご会釈（勤労奉仕団）」というスケジュールがしばしば登場する。

数えてみると、二〇一七年（平成二十九年）七月から二〇一八年（平成三十年）六月までの一年間で、天皇陛下と美智子さまは六十八回。同じ期間で皇太子さまは五十九回。そのうち一回は雅子さまがご一緒だった。

勤労奉仕は七月と八月、十二月十六日から一月十五日までは、原則として実施されていない。つまり一年のうち実質的には九カ月、その間に六十八回、五十九回、それぞれ会釈をされたということになる。陛下と美智子さまは一カ月に七〜八回、皇太子さまは六〜七回になる。

しつこいようだが、これを週に換算すると、ほぼ二回。

最初に説明したが、勤労奉仕は「連続する平日の四日間」の作業だ。月曜から木曜までの四日間作業するグループと、火曜から金曜までの四日間作業するグループ、二つのグループが動いているわけだ。

何が言いたいかというと、週に二回ということは、陛下と美智子さまは（皇太子さまも）必ずと言っていいほど、両方のグループに会釈をなさっている、ということなのだ。勤労奉仕に参加する国民の側から見れば、「ほぼ必ず、天皇皇后両陛下と皇太子殿下に会える」ということになる。

そして陛下と美智子さまが、決してルーティンに陥らず、丁寧な会話をされているのは前述した通りだ。仕事というものに向き合う姿勢として、これはすごいことだと思う。

「勤労奉仕　参加」でネット検索をすると、たくさんの体験談が見つかる。「両陛下を拝見し、感激して、すすり泣く女性もいました」「私も含め、号泣される方続出でした」といった記述がたくさんある。

お二人の存在そのものによるのはもちろんだろうが、自分たちと向き合う姿勢が伝わってくるからこその「涙」なのだと思う。

美智子さまは日本の皇室を救った

勤労奉仕のことを私に教えてくれたのは、皇室ジャーナリストの渡邉みどりさんだ。渡邉さんは美智子さまと同い年。日本テレビで長く皇室報道に携わり、昭和天皇の崩御にあたっては、報道番組のチーフプロデューサーを務めた。

ご成婚のパレード以来、お二人がお出ましになる現場に取材に行き、ゆかりの人たちのもとへ出向いては話を聞いている。

渡邉さんが勤労奉仕団に加わりお二人のご会釈を見たのは、美智子さまのご結婚からまだ数年という頃だったそうだ。

美智子さまはご結婚の翌年、一九六〇年（昭和三十五年）に浩宮さま（現在の皇太子さま）をご出産された。徳仁《なるひと》というお名前から、「ナルちゃん」と呼ばれることになった。

その日、奉仕団の面々が整列していると、皇太子さま（当時）と美智子さまが浩宮さまを連れて登場された。

「ナルちゃん、ごあいさつは」と促されると、とっとっとっと二、三歩前に出て、ピョコンと頭を下げたという。そのご様子に、割烹着に長靴姿の婦人方から拍手が沸き起こり、「バンザーイ」という声も聞こえてきた。ややあって、あちらこちらから「可愛い」「可愛い」という声が聞こえてきたそうだ。

「浩宮さまは白いロンパースだったと思います。本当にお可愛くて、女性陣はみんなメロメロになっていましたね」

そう振り返った後、渡邉さんはこんな解説をしてくれた。

勤労奉仕に来るのは、もともと皇室に親しみを感じている、言うなれば「ファン」である。その人たちが、可愛くてお利口な浩宮さまの姿を見たら、特に女性たちは全員が全員、地元に戻ったら近所の人たちにその話をするだろう。そして、子育てをしていらっしゃる美智子さまのすばらしさも、同じ熱量で語るだろう。

ご成婚直後に「ミッチーブーム」が起きたが、「ミッチーファン」は減るどころかこうして増えていき、皇室というものが盤石になっていく。渡邉さんはそれを目の当たりにしたと、感じたそうだ。

少し話がずれるのだが、日本テレビを退職し文化女子大学（現・文化学園大学）の教授をしていた渡邉さんを私が初めて取材したのは、皇太子さまとのご婚約が決まった小和田雅子さんのファッションについてだった。

週刊誌の編集部員としてそれ以外にも、お二人のご結婚まで毎週のように「皇太子さま&雅子さま」報道に携わった。その一つに渡邉さんと脚本家の橋田壽賀子さんの対談があった。

この対談でテーマになったのが、美智子さまの子育てだった。優しいが芯の強い長男を育てた美智子さまは、初の民間出身の皇太子妃として苦労した分、雅子さまには苦労させない「よき姑」になるだろうという見方は、二人に一致したものだった。

対談から、一部を抜粋してみる。

〈渡邉　私は、美智子さまは日本の皇室を救った人と固く信じています。天皇の名のもとに、たくさんの方が戦争で死んでいるのですから、あのとき旧華族や旧皇族からお嫁さんが来たら、ブームは起きなかったし、皇室への親近感は盛り上がらなかったと思います。

橋田　美智子さまを妃殿下になさった方が、いちばん偉いわねえ。

渡邉　皇室が生き延びる知恵というか、やはり日本一の旧家ですよ。〉

（「週刊朝日」一九九三年六月十八日号）

もちろん陛下と美智子さまがどのようなお気持ちで、ナルちゃんをご会釈に連れていかれたか、それは知る由もない。だが、とにかくそのようになさり、そこに居合わせた奉仕団の女性たちがメロメロになって帰っていった。そのような循環が自然にできて、皇室と国民のつながりが確かなものになる。

渡邉さんの「美智子さまは日本の皇室を救った」という発言は、自らの目で見た美智子さまの姿に裏打ちされている。

究極のイメージ産業としての皇室

朝日新聞で皇室報道に長く携わり、退職後もジャーナリストとして執筆を続ける岩井克己さんは二〇一六年（平成二十八年）、「文藝春秋」十月号に文章を寄せた。八月に天皇陛下がビデオメッセージを発表された直後だった。

「象徴としてのあるべき姿」を自ら語り、皇太子さまへの譲位を強くにじませた内容だったことを受けての文章で、「皇太子ご夫妻への期待と不安」と題されていた。

そこで岩井さんは、陛下のビデオメッセージのキーワードは「市井の人々」だったと書いている。岩井さんが注目した陛下のお言葉を、引用する。

〈皇太子の時代も含め、これまで私が皇后と共に行ってきたほぼ全国に及ぶ旅は、国内のどこにおいても、その地域を愛し、その共同体を地道に支える市井の人々のあることを私に認識させ、私がこの認識をもって、天皇として大切な、国民を思い、国民のために祈るという務めを、人々への深い信頼と敬愛をもってなし得たことは、幸せなことでした。〉

岩井さんは、こう書く。

〈現天皇陛下は、「市井の人々」への「信頼と敬愛」を持てたことを「幸せなことでした」と天皇の側から感謝したのである。皇太子時代から積み重ねた様々な人々とのふれあいが凝縮され万感がこもっていると感じた。〉

その上で岩井さんは長く皇室を担当した記者として、独身時代からよく知る皇太子さまへの愛情を込めて「皇太子ご夫妻への期待と不安」を綴った。「深刻なのは、雅子さまが見知らぬ不特定多数の国民と接する場や宮中祭祀を避け続けていることだろう」と書き、「勤労奉仕団の人たちへの会釈」をほぼすべて欠席していることなどを具体例としてあげた。

この文章の中で岩井さんは、皇室のことを「『究極のイメージ産業』とも言える」と表現している。

渡邉さんが私に語ってくれた「ナルちゃんと勤労奉仕団」は、まさにイメージ産業としての皇室が維持発展された瞬間だったのだと思う。

維持発展させようとしてするのではなく、振る舞いが自ずと維持発展になる。そのような人を、皇室は手に入れた。

橋田壽賀子さんと渡邉さんとの対談を再度、引用するなら、「美智子さまを妃殿下になさった方が、いちばん偉いわねえ」「皇室が生き延びる知恵というか、やはり日本一の旧家ですよ」ということになる。

二〇一八年（平成三十年）六月、陛下と美智子さまは福島県郡山市で開かれた全国植樹祭に出席された。翌年に退位を控え、これが最後の植樹祭参加となった。

お二人はその翌日と翌々日、南相馬市と相馬市を訪ねた。

いわき市から南相馬市へ車で移動する際には、高速道路上で帰還困難区域を通過した。東京電力福島第一原発から五・八キロの地点で車の速度を緩め、車に同乗した皇宮警察の側衛官が両陛下に原発の位置関係を説明した。雨で原発は見えなかったが、両陛下はじっとその方向を見つめていたという。

お二人にとって、六度目になるこの福島訪問から戻ったのが六月十一日。十二日にはいつものように蓮池参集所に行かれ、「ご会釈」をなさった。

その年、三十八回目のご会釈だった。

4「宮内庁からの抗議文」に浮かぶお姿

皇室が大変なことになっている?

宮内庁のホームページに「皇室関連報道について」というコーナーがある。テレビ、新聞、週刊誌、月刊誌、書籍を対象に、皇室報道について宮内庁が「事実ではない」と指摘するものだ。

このコーナーができたのは、二〇〇七年（平成十九年）。皇太子ご一家をめぐる困りごとが、メディアで頻繁に取り上げられていた時期だった。

始まりは二〇〇四年（平成十六年）五月、外国訪問前の記者会見で、皇太子さまが「それまでの雅子のキャリアや、そのことに基づいた雅子の人格を否定するような動きがあったことも事実です」と発言したことだった。前年暮れに雅子さまは帯状疱疹と診断され、公務を休んでいたが、これ以降本格的な静養に入り、公務ができない日々が続いていた。

皇太子さまの「人格否定」発言から二年半後の二〇〇六年（平成十八年）十二月、天皇陛下が誕生日を迎えるに当たっての会見で「残念なことは、愛子は幼稚園生活を始めたばかりで、風邪を引くことも多く、私どもと会う機会が少ないことです」と発言された。

これに対し翌年二月、皇太子さまは誕生日を迎えるに当たっての会見で「天皇陛下の愛子に対するお気持ちを大切に受け止めて、これからも両陛下とお会いする機会を作っていきたいと思います」と述べられた。

週刊誌編集部に長く所属してきた者として書くならば、陛下と殿下のこのやりとりで、皇室記事はある意味、書きやすくなったと思う。

「孫が遊びに来てくれない」というどこの家庭にもあるような問題を、陛下があえて記者を前に発言した。それだけでも一大事だ。その上、当事者である皇太子さまが二カ月後に明らかにした見解が、事前に陛下とお話し合いをもたれた様子もなければ、具体的にどうするという方針が示されることもない、「木で鼻をくくる」とは言わないまでも、「善処します」というだけのものだったのだ。

これはどうやら、皇室が大変なことになっているのではと思った国民は多かったろうし、その視線（つまり困ったものだという視線）での記事を書きやすくなった。

皇室報道というものは、当たり前だが皇族方への尊敬の念が前提だ。だから「困った目線」では、普通は書きにくい。ところが陛下と殿下の誕生日会見での「やりとり」があったことで、「困った」方向にある種のゴーサインが出されたと考えたメディアは多かったはずだ。

「皇室という存在そのものが、雅子さまの病の原因」だという皇室への批判、反対に「皇太子さまと雅子さまは、皇族としての自覚が足りない」という批判、どちらの報道も多くなされていた。

週刊誌編集部に長くいた者としてもう一つ書くならば、皇室の正式な取材ルートは新聞社・テレビ局が加盟する記者クラブ「宮内記者会」だけというのがポイントだ。

所属しているのは、朝日、毎日、読売、日本経済、産経、中日（東京）、北海道の新聞七社、共同、時事の通信二社、ＮＨＫ、日本テレビ、テレビ朝日、ＴＢＳ、フジテレビ、テレビ東京のテレビ六社。宮内庁内に部屋があり、加盟記者は毎日そこに出勤するのが基本だ。

加盟記者でない限り、会見にも出られず、宮内庁職員とも日常的に接する道はない。取材相手が国会議員なら、記者クラブに所属しなくても独自にいくらでも取材できる。だが、皇室となると、なかなかそうはいかない。

そこで雑誌などのメディアに登場するのが、「宮内庁関係者」や「宮内庁幹部」。直接取材できないことを逆手にとり、匿名の人物がどんどん語ることになる。

宮内庁、強い怒りの抗議

というようなことが起きていた二〇〇七年（平成十九年）、宮内庁のホームページに「皇室関連報道について」というコーナーができた。皇室が困ったことになっているという内容、語るのは「関係者」。そういう報道が増え、看過できないという判断に至ったのだろう。

このコーナーは冒頭にメディア名と掲載（放映）の日付が置かれ、そこに掲載された記事などについて「こうこうとされているが、事実ではない」という見解を示す形をとる。

事実と違う、実態はこうだと反論するところまでは同じだが、その反論の熱心さは、記事（または放送内容その他）の中身によってだいぶ違う。間違いを指摘した後に宮内庁がどう対処したかも書かれているが、これにも温度差が相当ある。

「事実と異なることを出版社に伝えることと致します」というのは、かなり穏健な結論で、「厳重に抗議をしました」「速やかに訂正することを要求しました」となるにつれ、抗議の熱が上がっていると読める。「正しい事実関係を明らかにし、誤解を正すとともに、抗議いたします」という表現もある。

皇室関連の記事を長く担当してきたので、「皇室関連報道について」はしばしばチェックしてきた。その中で、宮内庁の「強い怒り」さえも感じる抗議を目の当たりにし、驚いたことがあった。二〇一三年（平成二十五年）六月の二度にわたる「週刊新潮」への抗議だった。

最初の記事が掲載されたのは、六月二十日号だった。「『雅子妃』不適格で『悠仁親王』即位への道」という大きな見出しの七ページにわたる記事は四本に分かれていて、それぞれに見出しが立てられていた。以下に、列挙してみる。

ついに「雅子妃に皇后は無理」の断を下した美智子さまの憂慮
「皇太子即位の後の退位」で皇室典範改正を打診した宮内庁
「秋篠宮は即位すら辞退」が頂上会議で了解された深い事情
「悠仁さま」電車通学を提案した「秋篠宮殿下」の未来図

要は「皇太子さまが即位後に退位、皇位を秋篠宮家が継承し、秋篠宮さまでなく悠仁さまが継ぐ」という記事だった。

この記事が出た後の宮内庁の反応はすばやく、激しかった。六月二十日号が発売された十三日、「『週刊新潮』(平成25年6月20日号)の記事について」を「皇室関連報道について」にアップ、〈内閣官房と宮内庁の連名で「週刊新潮」編集部編集長に対して、厳重に抗議をするとともに、速やかに訂正記事を掲載することにより、記載のような事実がなかったことを明らかにするよう求めました〉とし、その下に抗議文、官房長官記者会見要旨、宮内庁長官記者会見要旨を添付している。

記者会見をした宮内庁長官は、「全くの事実無根であります」「このような記事がそのまま公表されたことに、強い憤りを感じます」と激しい調子で抗議、そしてこう語った。

〈「皇后陛下はすでに、周囲には『皇太子妃には将来、皇后の仕事はつとまらないでしょう』と漏らされています」との記述が「さる宮内庁幹部」のコメントとして記載されておりますが、（中略）私は宮内庁幹部の一人として、もちろんそのような発言を耳にしたことはございません。〉

だが「週刊新潮」側は「内容には自信を持っている」というコメントを出し、翌週の六月二十七日号でも「『雅子妃』不適格は暗黙の了解『千代田』の迷宮」と同じく七ページをあてて畳みかけ、宮内庁側も当日、「週刊新潮記事（平成25年6月27日号）への宮内庁の見解と対応」をアップした。

そこでは「全くの事実無根であります」という表現を三回使い、「このような記事が前号に引き続きそのまま公表されたことに、強い憤りを感じます」「国民に重大な誤解を与えかねないものであり、大変遺憾に思っております」とした。

ついには美智子さまのお人柄にも言及

この一連のやりとり（「週刊新潮」バーサス宮内庁）を、後学のためというか他山の石としてというかじっくりと読んでいた私は、宮内庁長官記者会見要旨の中のある一文に釘付けになった。

該当箇所を引用する。

〈さらに、「皇后陛下は、『もし仮に、陛下がおられなくなって、私が一人残されたとします。その時のことを考えると、とても不安を覚えます』と近しい人に打ち明けられている。ご公務の引き継ぎなどはもちろんのこと、はたして皇太子ご夫妻が、ご自身を適切に遇してくれるのだろうか……その点を気に病んでおられるのです。」との記述もありますが、常に周囲をお気遣いになっている皇后陛下のお立場を鑑みるに、そのようなご発言をされることなど、到底考えられません。〉

「常に周囲をお気遣いになっている皇后陛下」という部分に釘付けになったのだ。

もちろん美智子さまが、そういう方だということは承知していた。「マリア・テレジア学校の優等生」であり、「振る舞いが自ずと皇室という『究極のイメージ産業』の維持発展につながる人」であると、ここまでにも書いてきた。

だが、私が個人的に思うことと、宮内庁長官が発言することとでは、全く意味合いが違う。

宮内庁長官という人が明かす、美智子さまの素顔。抗議文から、それが見えてきたことに驚いた。皇室を守る立場から、知っていること、個人的見解、どちらも不用意に口にしないのが仕事であろう長官が、抗議の切り札として美智子さまのお人柄に言及したのだな、とも感じた。

この言葉をさらに分析するなら、「常に周囲をお気遣いになっている」の「周囲」は、一般的な「周囲」以上に「家族」ではないか。私はそう感じた。家族＝天皇、そして皇室。常に天皇と皇室のことを考え、気遣っている美智子さまという方は、相手がどんな人であろうとも「もし仮に、陛下がおられなくなって」というようなことは決して言わない。長官が言いたかったことは、そういうことだろうと解釈した。

美智子さまは、常に「陛下ファースト」の方だ。

たとえば、公務や個人的なお出かけのときの帽子。皇太子妃時代はつばの広いもの、髪の毛をすっぽり覆うものなど、さまざまな形のものをかぶっていたが、平成になってからは額の上にのるよう小さなお皿形が定番となった。

一九六六年（昭和四十一年）から美智子さまの帽子をデザインしてきた平田暁夫さんは週刊誌の取材に応じ、お皿形の利点の一つに、陛下と並んだときに陛下の顔を隠さないですむというこことをあげていた。

そのような陛下ファーストのお気遣いがある方だということを、「週刊新潮」への抗議文が図らずもコンファームしたようで、勝手に感動した私だった。

このコーナーから私が読み解いた美智子さま像は、もう一つある。それは、昭和天皇、香淳皇后への深い尊敬の念を抱く「嫁」である。

お足しになったものは一つもない

二〇一六年（平成二十八年）八月二十七日付の毎日新聞に、東京大学教授の北田暁大さんと『大正天皇』などの著書がある放送大学教授の原武史さんの対談が掲載された。

その直前に発表されたのが、前項でも取り上げた天皇陛下のビデオメッセージ。皇太子さまへの譲位を強くにじませたお言葉から、原さんは「憲法で規定された国事行為よりも、憲法で規定されていない宮中祭祀と行幸こそが『象徴』の中核だ、ということを天皇自身が雄弁に語ったこと」が衝撃的だったと述べた。

その流れで「平成になると、宮中祭祀に天皇と皇后がそろって出席するようになったばかりか、行幸も皇后が同伴する行幸啓となり、ますます比重が大きくなりました」と原さんは発言した。これに宮内庁が反応、この対談を「皇室関連報道について」のコーナーにあげ抗議したのだ。

とはいっても、それは新聞掲載から一カ月近くたった九月二十三日だった。このことからも「抗議」の程度は自ずとわかるというもの。その文章も「昭和時代（戦後）における昭和天皇・香淳皇后の御活動状況について」と題され、抗議ではなく説明という姿勢が最初から現れている。

ただし文章は長い。具体的な昭和天皇・香淳皇后の活動を縷々《るる》あげているからだ。

たとえば「香淳皇后は、ご晩年の20年近くは、ご高齢とご健康上の理由により、行事へのご臨席が困難となられましたが、昭和52年に腰を痛められるまでの戦後約30年間の長きにわたり、昭和天皇と共に多くの宮中祭祀にお出ましになり、また行幸啓を共になさっています」とした上で、昭和天皇と香淳皇后お二人そろっての宮中祭祀、行幸啓の割合を、時代の区切りを変えてパーセントで示している。

その上で「御成婚後の今上両陛下は、これをそのままに受け継がれ、昭和、平成とお続けになっておられる（後略）」と説明している。さらには、これと同趣旨の説明と注意喚起は過去にも二度（平成21年12月4日と平成25年4月3日）しているが、相変わらず誤った認識で議論されるのは遺憾だ。そうも書かれている。

宮内庁が指摘した「同趣旨の説明」を振り返ってみる。

二〇〇九年（平成二十一年）のそれは「昭和時代における香淳皇后の御活動について」と題され、こう始まる。

〈最近、一部の雑誌の皇室に関連する記事の中に、両陛下が揃って御公務をなさることは昭和時代からの伝統ではなく、皇后陛下の御意志で天皇陛下と御一緒に御公務をされているものであるという趣旨の記述が散見されますが、これは、皇后陛下の御行動に対する誤認であると共に、昭和天皇のお側で数多くの公的行事に御出席になった香淳皇后に対し、

極めて失礼なことですので、この際、宮内庁として、事実関係を説明することにしました。〉

この説明文は、香淳皇后が六十歳になった一九六三年（昭和三十八年）に昭和天皇とご一緒にされた行幸啓の内容を、具体的に並べている。同年前半に限ってだが、場所（「中央区立久松小学校創立九十周年記念式」「エジプト美術五千年展」など計十二カ所）を書き出している。その後に現在の皇后陛下、つまり美智子さまについての記述が続く。

〈ただ、皇后陛下が天皇陛下の御行事への御同席を求められれば、ほぼ全てこれをお受け入れになるのは、求めには出来る限り応じなければというお気持ちは勿論のこと、それにより少しでも陛下のお疲れの総量をお量りになれるようでありたいとのお気持ちをお持ちのようです。

なお、宮中祭祀についても、香淳皇后が熱心でいらしたことは、よく知られています。平成に入り、皇后陛下は香淳皇后がなさっていた祭祀を全てそのままに受け継がれました。お減らしになったものはありませんが、お足しになったものも一つもありません。〉

さまざまなことが読み取れる、含蓄ある文章だと思う。行事への出席要請には、できるだけ応えたい。だが、それだけではない。「陛下のお疲れの総量をお量りになれるようでありたい」とある。

ともに出席することで、夫の疲労量を把握したい。美智子さまのお気持ちをそのように推し量っている。ストレートな「陛下ファースト」の表明と読める。

後半の香淳皇后からの引き継ぎについての一文。「お減らしになったものはありませんが、お足しになったものも一つもありません」。官僚的な文章の中にあって、少しだけ文学的な香りがする。

「私ではないのです、香淳皇后さまがなさったことなのです」。そんな美智子さまの心の声が、官僚の説明文に文学の香りを与えたのではないか。そんなことを思った。

第2章

「皇后陛下」への伏線

1 テスとバラ

何かすごい方になるとわかっていた

池田山の正田邸のごく近くに住み、聖心女子学院の中等科、高等科でも美智子さまと同級だったシャンソン歌手の須美杏子さんに話を聞いたことがある。

須美さんの本名は萩尾《はぎお》敬子《たかこ》で、「タァコ」「ミッチ」とお互いを呼び合っていたという。八十歳を超えても歌手活動を続ける須美さんには、ミニコンサートを開いたライブハウスで話を聞いた。

須美さんは、美智子さまについて冗舌に語らないことを長く嗜《たしな》みとしてきた。そう感じさせる堂々とした女性で、六十年以上前の「ミッチ」についてはっきり語ったのはこれだけだった。

「どこへお嫁に行くとかそういうことではなく、何かすごい方になるとわかっていました。具体的にどうこうとは考えませんでしたが、私の周りの人はみな、そう思っていたと思います」

とても真実味のある言葉だと実感したのは、正田美智子さん時代のいくつかのファクトを知っていたからだ。当たり前のことだが、「美智子さま」という人は、正田さんが皇太子妃になった瞬間に突如としてできたのではない。

嫁ぐ前から、現在の皇后陛下へ至る伏線がいくつもある。美智子さまを知れば知るほど、そう感じる。そしてその「伏線」と出合うたび、美智子さまという人を皇室が得たことは奇跡だったのだという思いを強くする。

まずは「成人の日」という伏線について、書こう。

「はたちのねがい」入選作文に見る深い思考

「成人の日」ができたのは一九四八年（昭和二十三年）七月二十日。同日に公布・施行された「国民の祝日に関する法律」で、一月十五日が「成人の日」と定められた。ハッピーマンデー制度ができた二〇〇〇年（平成十二年）以降は一月の第二月曜日ということになったが、どうもピンと来ないという人も多いと思う。

読売新聞社が「成人の日」に合わせ、二十歳の男女による懸賞作文の募集を始めたのは最初の成人式が行われた翌年、一九五〇年（昭和二十五年）十二月のことだ。二年目からは作文名を「はたちのねがい」としたこの催しは、一位から三位、佳作までを選び表彰するというもので、若者の心をつかんだらしく年々応募者は増えていた。

一九五五年（昭和三十年）一月十五日、五回目になる「はたちのねがい」の入選者の名前が読売新聞の一面に掲載された。「はたちのねがい　第五回成人の日記念感想文入選者決まる」

という見出しの後に三位までの六人は大きな字で、佳作の十人は小さな字で、名前と住所と職業が書かれている。

一位　東京都江東区南砂町（工員）巻田价史
二位　奈良県宇陀郡三本松村（大阪商大経済学部）田中茂信
　　東京都品川区五反田（聖心女子大英文科）正田美智子

正田美智子さんの名前は、三番目にあった。

記事によれば、応募総数は四千百八十五編。総務省統計局の資料によると、美智子さまが生まれた一九三四年（昭和九年）の出生数は二百四万三千七百八十三人。一九五五年（昭和三十年）十月の国勢調査によれば、前年に成人式を迎えた二十一歳人口は百六十六万九千百二十四人だ。

二百四万と百六十六万という二つの数字の落差に、戦争の残酷さを思う。百六十六万人余りの成人のうち四千百八十五人が作文を書き、その中から美智子さまは二位に選ばれた。

その日の読売新聞六面には、一位と二位、合わせて三人の作文が掲載されている。正田美智子さんの作文の内容を紹介する。

タイトルは「虫くいのリンゴではない」とある。正田さんがつけたのか、それとも読売新聞の記者がつけたのか。それは定かではないが、次の文章からとったことははっきりしている。

〈成人の日を迎える今日、私はこう言いたいのです。「むしばまれたリンゴは私達の世界ではない。私達がその中に住んでいたのは単にある一つの〝期間〟であったに過ぎないのだ」――と。〉

この文章は、作文の最後、結論にあたる部分だ。ここに至るまで、前半部分にはこういう文章がある。

〈「この世界はリンゴの実のようだ」とハーディーの書いたテスはいっています。「虫のついた実とついてない実と……」そして、自分は虫食いのリンゴの中に生れついたのだといっています。〉

トマス・ハーディーというイギリスの作家による小説『テス』から引用しているこの文章と、最初に引用した結論部分を読んで、正田さんが書いた作文の趣旨がわかる方は相当の教養人である。全く教養のない私は、正田さんの文章を何度か読み、なんとか呑《の》み込むことができた。

単純な論理展開の文章ではないので要約が難しいのだが、正田さんはまず、自分たち世代が世間では「アプレ気質」で通っているが、性格は大きく二つに分かれる、と規定する。そしてそれは、感受性の強い小学五、六年の頃に「変転の激しい不安な環境の中に過ごした結果」だとしている。

当時の二十歳の、娘世代にあたる私は、父母世代が「アプレ気質」とされていたことも知らなかったが、つまり戦争を体験し「退廃的」とされている自分たちについて論じる文章だ。

にもかかわらず正田さんはこの作文中、一度も「戦争」という言葉を使っていない。それは多分、戦争体験にとらわれるのはやめて、前を向いて歩いていこうという結論（そのことを正田さんは、テスを登場させて訴えている）ゆえ、とらわれない一環として意図的にそうしたのではないかと思う。

作文の趣旨に戻ると、アプレ気質とされながらも大きく二つに分かれる性格は「空想界に逃避する」派と「現実を見つめすぎる」派だ、と正田さんは分析している。

そこからテスの話になる。自分もテスのように虫食いの世界に生まれたように感じ、投げやりな気持ちで考えがちだったと書く。「いくら夢にむかって努力した所で、あの恵まれなかった過去から急に明るい未来が生れ得るものではないと信じていたのです」

そこで改行されて、「しかし」と続く。ここから正田さんは、ハーディー（と書かずに「十九世紀の宿命論者」と表現している）の発想には立たないのだという意思を述べていく。

〈私の〝はたちのねがい〟――それは私達年齢の人々が過去の生活から暗い未来を予想するのを止め、未来に明るい夢を託して生きる事です。それは同時に、現在を常に生活の変

り目として忠実に生きる事でもありましょう。〉

「明るい夢」「忠実に生きる」など一見優等生的な言葉が並ぶが、そこにはもっと深い思考があると、この後に続く次の文章を読んで思った。

〈現在は過去から未来へと運命の道を流れて行く過程の一つではなく、現在を如何に生きるかによって、さまざまな明日が生れて来る事を信じようと思います。〉

時間の流れというものを俯瞰する目、その上で時間と主体的に向き合おうという意思。作文の最後をもう一度、引用する。

〈成人の日を迎える今日、私はこう言いたいのです。「むしばまれたリンゴは私達の世界ではない。私達がその中に住んでいたのは単にある一つの〝期間〟であったに過ぎないのだ」――と。〉

「私」ではなく「私達」を論じていた

論理的で鮮やかな帰着点だとよくわかる。読売新聞はその頃「はたちのねがい」を「成人の日記念感想文」と補足して募集しているが、「感想文」などという範疇《はんちゅう》をとっくに超えている。

紙面に掲載されたほかの二人の文章を読んでみると、正田さんの文章にははっきりした特徴がある。それは一貫して「私」、ではなく「私達」を論じていることだ。

一位の男性も二位の男性も自分の置かれた環境、日常、家族などを具体的に書き、それらの体験を通して己の進むべき道を表明している。

一位の巻田さんは江東区にある工場に勤め、寮に住む。自活して三年目だという。「はなやかな東京の、いわば裏街道を歩んできた私は、この社会のもつ暗さを知るのだが、半面たとえ貧しくも誠実に生きる庶民の存在を知る」とした巻田さんの文章は「新しく生きること」とタイトルがつけられている。

正田さんと同じ二位に選ばれた田中さんは「〝たのもしい人間〟へ」と題された文章の中で、「戦災、疎開、行商というこうした運命」は父母にも自分にも、「貧しいながらも、力強く生活する力の勇気と忍耐をより強固なものにしてくれた」と書き、お金というものについて思うことにかなりの字数をさいている。そして母が言う「たのもしい人間」になりたいと、決意を表明する。

一方、正田さんが「私」について書いたのは、テスを引き合いに「虫食いの世界に生まれたと投げやりな気持ちで考えがちだった」と過去を振り返る部分だけだ。そのように自省をした上で、正田さんは「私達」を論じている。そして、「アプレ気質」と言われる自分たち世代に、声高でなく訴えかける。前を向こう、と。

どちらがどうと言いたいのではない。社長令嬢という正田さんの恵まれた環境が、大きく影響していることは間違いない。それにしても、自分を語るのでなく、同世代に向けての願いを綴った二十歳の正田さんが、四年後に皇太子妃となったという事実。

「虫くいのリンゴではない」という作文は、とても高尚な「伏線」だと思う。

皇太子妃になるべき星の下に生まれた

次に紹介するのは、もっと正田さんが小さい頃の話だ。

語ったのは、美智子さまの母・正田富美子さんの実弟、副島呉郎さん（元東京銀行監査役）。話を聞いたのは、岩井克己さん。第1章でも触れたが、朝日新聞記者として、一九八六年（昭和六十一年）から退職する二〇一二年（平成二十四年）まで皇室を担当したジャーナリストだ。富美子さんにインタビューを申し込んでいたが、正田家側からずっと色よい返事は得られなかったという。

病気がちだった富美子さんの体調がいよいよ思わしくないと聞いた一九八八年（昭和六十三年）五月十四日、岩井さんは副島さんから話を聞いた。富美子さんは五月二十八日に亡くなっているから、その二週間前になる。それが岩井さんの著書『皇室の風』に収められている。

副島さんは、皇太子妃を受けるかどうか迷っていた頃の富美子さんの苦しみを「とても見ていられないほどのものでした」と振り返った。そして皇太子ご一家が幸せそうになり、国民の敬愛が深まると、さらに「自分たちが足手まといになってはいけない」と静かに見守り、多幸を祈る気持ちで生活していた、と語った。

同時に副島さんは、自分の娘が多くの人に信頼され敬愛されていることに、それなりの生き甲斐と限りない満足を覚えていたのではないかと、姉の心情を思いやっている。

そして、こう語った。

〈私はずっと、美智子さんは皇太子妃になるべき星の下に生まれたのだった、必然だったと思っています。小学校六年生のころに、私の家に来て、庭のバラを見て「叔父さま、陽に当たっているバラってすごくきれいね。でも、日陰になっているバラもあるからよけいにきれいに輝いて見えるのね」と言われて、衝撃を受けたのがずっと忘れられません。陰になっているものにまで目を向ける洞察力がすごいと思ったのです。〉

この本で副島さんの話は、インタビュアーの質問などをはさまない形でまとめられている。だが当然、一方的に副島さんが語り続けるはずはなく、岩井さんの問いが時々入っていただろう。

バラの話の後、多分、岩井さんは、「富美子さんのよい気質を美智子さまが受け継いだのですね」と水を向けたに違いない。副島さんがこう語っている。

〈姉のよいところを美智子さんが受け継いだ……というより、姉の抱いていた理想像が結晶した姿が美智子さんだったのではないかと思っているのです。その意味では、美智子さまは日なたに輝くバラ、富美子は陰で支えるバラだったのだと思います。〉

副島さんの言葉を借りれば、「輝くバラ」である美智子さま。その美智子さまは、「輝くバラは日陰のバラがあってこそのもの」と、幼少時から認識していた。

これは、あらゆるものに通じる深い考え方だと思う。誰かが輝くためには、誰かが支える必要がある。だが、支える人が輝かなくては、輝くはずの人も輝かない。

皇室と国民の関係は、どちらも、輝く側であり、支える側ではないだろうか。小学生の美智子さんは、すでに自分の将来あるところの本質を理解していた。これは、深読みではないと思う。

副島さんは、それを「皇太子妃になるべき星の下に生まれた」と表現した。バラはそういう「伏線」だ。

賞金寄付というノーブレス・オブリージュ

ところで「はたちのねがい」に話を戻すと、実は後日談がある。

入選者が発表された一月十五日から三週間後の二月五日、読売新聞にある記事が掲載された。記者の間では「ベタ記事」と呼ばれる、一段だけの小さな記事だ。

〈賞金を社会事業寄付　「はたちのねがい」入賞の正田さん〉

そう見出しが立っている。以下、引用する。

〈本社ではさきに〝成人の日〟を記念、第五回「はたちのねがい」の記念感想文を公募したが、第二位に入賞した品川区五反田日清製粉社長正田英三郎氏長女美智子さん（二〇）（聖心女子大英文科）はこのほど本社から贈られた賞金の一部（千円）をさいて「社会事業の基金の一助に」と送ってきたので、本社では都民生局に寄託。また美智子さんは同大学の奨学資金にと同額を寄付、学長エリザベス・クリット女史を感激させた。〉

賞金の総額は書かれていないが、二千円で間違いないだろう。正田さんが賞金総額の半分を読売新聞社に送り、半分を母校に寄付したという記事だ。

発表のときにはなかった「日清製粉社長正田英三郎氏長女」という情報が加わったのは、読売新聞記者が寄付という想定外の事態に驚いて取材し、父の職業を知ったというところだろうか。それとも寄付の背景として、伏せていた父の立場を明らかにしたのかもしれない。なるほど社長令嬢だから、生活に困っていないので寄付するのだな。記事を読んで、そう思った人はいただろう。

だがちょっと立ち止まって、正田さんはなぜ賞金を寄付したのだろうと考えてみる。母校で学んだキリスト教の影響もあったかもしれない。だが私には、一月十五日の読売新聞に載った一位と二位の男性の文章をじっくりと読む正田さんの姿が浮かんでくるのだ。『テス』を読み、己の考えを深め、同世代にこれからの生き方を提案する、あまりにも聡明な二十歳の女性だ。自分と彼らの書く文章の違いについて、深く考えたに違いない。

彼らが自分の暮らしを書くのは、必然だったはずだ。「生きる＝生き延びる」ということに真剣に取り組み、それを基盤にして、物事を考えていく彼ら。学問を通じ、考えを深めている自分。その違いを考え、寄付という行為に行き着いた。そんなふうに思えてならない。

地位のある人の果たすべき特別な義務を、ノーブレス・オブリージュというのだそうだ。

正田さんには、当時はまだ「地位」はなかったから、「地位ある人の娘」として寄付という形でノーブレス・オブリージュを果たしたとも言える。

だが私には、一位と二位の二人の作文を前に、己を振り返り、深く考え、そして寄付という結論に達した、そう思えてならず、その一連の行為に感服してしまう。

そして、そういう人がのちに「地位ある人」になる。その事実をまとめる言葉は、やはり「奇跡」しかないと思うのだ。

2 緒方貞子と曽野綾子と

曽野綾子さん・正田富美子さんの対談

作家の曽野綾子さんは一九七九年（昭和五十四年）、「女性自身」で美智子さまの母・正田富美子さんと対談している。

朝日新聞で皇室を担当していた岩井克己さんはとうとう富美子さんに会えず、実弟・副島呉郎さんから姉について聞いた。前項でも書いたそのインタビューの中で副島さんは姉を、「何につけても目立たないことがいちばんと、（略）生活していたと思います」と語っている。その言葉通り、富美子さんがマスコミに登場する回数はごく少ない。

だから曽野さんとの対談は、メディアでいうところの「スクープ」である。なぜ曽野さんはスクープできたのか。いろいろな理由があったろうが、一つには、曽野さんが美智子さまの聖心女子学院の先輩ということがあったはずだ。

曽野さんは幼稚園から大学まで聖心で、小学校五年から聖心に通った美智子さまの三学年先輩だった。だから富美子さんは、学生時代の曽野さんが書いた文章を愛読していたそうだ。

「ですから、あれだけ生徒さんがいらっしゃって、あなたさまのお名前だけは、そのときから、ちゃんと覚えておりました」と富美子さんが話すと、曽野さんは「お小さいころの妃殿下は可愛らしい縮れ毛でいらっしゃいましたね。天然パーマは、やっぱり珍しいからよく覚えております」と返して、対談は和気藹々《あいあい》だった。

皇太子さまと美智子さまが出会ったテニスの試合に富美子さんは行っていなかった話、富美子さんと夫の欧州への船旅の話などが続く。

「お孫さんは全部でお幾人？」と尋ねる曽野さんに「おそれ多い方を入れて申しますと9人でございます」と富美子さんが答えた。

そこから曽野さんは「私、皇太子殿下に一、二回しかお目にかかっておりませんが、恐ろしいくらいの頭のいい方で（略）お若いときから、ご苦労人でいらっしゃいますね」と水を向け、富美子さんは「東宮さまは、ご自分のご結婚について、あらゆる角度からご検討なさったせいか、恵美子（編集部注：美智子妃の妹）の結婚についても、非常に的確なアドバイスをくださいました。私どもの迷っている点をピタッとおっしゃって」と話した。

皇太子さま（天皇陛下になってからも）の「家族に見せる素顔」というものがこのように具体的になることは、ほとんどない。それを引き出したことも含めての「スクープ対談」なのだが、流れる空気にそのような緊迫感はない。

美智子さまのことを富美子さんが「ご体調もいいようですし、あとはもうすこしおふとりになっていただきたいとは思いますが」と言う。「ご健康であればけっこうですわ」と曽野さんが返すと、「もうちょっと、おふとりになったら、お中元でもお歳暮でもさし上げますと申し上げたんです（笑い）」と富美子さん。「ごほうびに？　では大変だわ、妃殿下、おもうけになるには努力をなさらなければ……（笑い）」と曽野さんが言って対談が終わる。どことなく、ほのぼのとしている。

富美子さんは美智子さまの結婚以来、娘のことを敬語で語る。そこに娘を「遠い世界」に嫁がせた母の哀しみを見たのは元日本テレビの渡邉みどりさんだが、「娘の学校の先輩」を前に、富美子さんは明るい。曽野さんに、娘を重ねているのだろうか。

「お」の多い、上品な日本語で語り合う二人はともに和服で、正座で話している。ガサツに生きてきた我が身とは、心得が違うと思わされる。並んで立った写真には「お二人とも背が高く、同じ165センチ」とキャプションがつけられていた。

聖心女子学院、「ただ働き」の伝統

曽野さんは自伝『この世に恋して』の中で、幼稚園入園時の聖心女子学院のことを「帰国子女が多いけれど大財閥の娘は少ない。まだ有名でもない学校でした」と書いている。

帰国子女として小学校の途中から聖心に通ったのが、元国連難民高等弁務官の緒方貞子さんだ。

名付け親は母方の曽祖父・犬養毅元首相という緒方さん。父は外交官で、三歳から八歳までをアメリカ、その後中国、香港を経て小学四年生で帰国、聖心が初めて通った日本の学校だったという。

『聞き書　緒方貞子回顧録』で緒方さんは子ども時代のことを、「勉強よりも運動が好きでした。お転婆で、走り回ってばかりいました。球技が好きで、乗馬もしました。聖心は小学校から英語の授業があったのですが、さすがに英語は成績が良かったと思います。あとはどうだったか……（笑）」と語っている。

曽野さんの著書『神さま、それをお望みですか』は、一九七二年（昭和四十七年）から今に続く「海外邦人宣教者活動援助後援会」について、長く代表を務めた自らが描いたノンフィクション。会を支えた人々や折々の活動が描かれる中に、緒方さんが登場する。

そもそもこの会は運営に関わる女性六人のうち四人が聖心の卒業生で、それは「別に派閥を作ろうとしたからではない。ただ私たちの学校にはこういうことに『ただ働き』をする伝統があったからで」と曽野さんは書く。

会が続くにしたがい、海外で働く神父、修道女の支援以外の活動もすることが出てきた。その一つに「難民救済民間基金」への三百万円の寄付があった。一九九一年（平成三年）、国連難民高等弁務官事務所からの要請によるもので、その年に高等弁務官に就任したのが緒方さん。曽野さんの聖心女子大学の三年先輩だ。曽野さんは、こう紹介する。

〈貞子は日本語も英語も完全であった。(中略) 授業中にも小説ばかり書いていて、学問には全く心が向かなかった私にとっては、ほんとうに眩しいような存在であった。〉

一方でこうも書く。

〈しかし私たちの学校では「母校の名誉」というような観念も比較的薄かったように思う。それはそのような思想がキリスト教の中には全くないからであろう。〉

だから同じ学校から立派な人が出ても、そのことと自分とは何の関係もない。ただ人間の心情として、知人が重大な仕事につけばうまくいくように願い、手助けできればと願うのは自然なことと曽野さんは書く。

そしてホテルオークラでの朝食会として開かれた「難民救済民間基金」の準備会に参加、「塩ジャケの切り身がついた日本風の朝食」の代金を支払おうとして「けっこうです」と言われ、誰もが当然という顔をしたことが不思議だったと書く。こういう観察眼が、作家・曽野綾子の真骨頂だとしみじみ思う。

三人の三つの共通点

さて、聖心女子大の卒業順に書くなら緒方貞子、曽野綾子、美智子皇后となるが、この三人には共通点が多い。一つは世代的には珍しい恋愛結婚だったこと。そして夫が理解ある人で、仲がよいこと。そして、それぞれの道を邁進していること。その三つについて書いてみる。

まずは緒方さん。便宜上、貞子さんと書く。

貞子さんはカリフォルニア大学バークレー校での博士課程を終え帰国した後に、同い年の緒方四十郎さんと留学経験者同士として知り合い、三十三歳のときに結婚した。四十郎さんは、父に緒方竹虎をもつ日銀マンだ。貞子さんがバークレーで書いた博士論文『満州事変と政策の形成過程』は日米で出版された。その「あとがき」に、こうある。

〈私の両親、夫、息子は、私がこの研究を試みなければ、いま少し多くの孝養を受け、いま少し落ち着いた家庭生活を楽しみ、いま少し母親と遊ぶ時間を持つことが出来たのではないかと思う。特に夫四十郎は本稿を通読して、修正加筆の労をとった。その意味において、本書は家族ぐるみの努力の成果である。〉

結婚以来、二人は「四十郎さん」「さだ」と呼び合ったという。『聞き書　緒方貞子回顧録』にはこうある。

〈私が日本を離れていろいろな仕事を続けてこられたのも、緒方のサポートがあったからです。向こうがどう思っているかわかりませんが（笑）、パートナーとして感謝してもし

きれないと思っています。〉

四十郎さんは、二〇一四年（平成二十六年）に亡くなった。

次に曽野さん。作家の三浦朱門さんと結婚したのは二十二歳、聖心女子大四年のとき。文芸雑誌「新思潮」の最初の会合に連れていってくれたのが三浦さんで、顔も知らない人だったので手紙でどこで待ち合わせるのか尋ねると、新宿駅のホームのゴミ箱の横を指定された。この話を曽野さんは『この世に恋して』にも書き、三浦さんが亡くなって一年後のエッセイ「青い空から三浦朱門の声が聞こえる」（「文藝春秋」二〇一八年四月号）にも書いている。

曽野さんは『この世に恋して』で父の「暴力」のことを明かしている。「青い空から三浦朱門の声が聞こえる」では三浦さんの棺に、三行だけの感謝の手紙を入れたと書いている。

〈私は両親の仲が悪くて苦労の多い子ども時代を過ごし、結婚して自分の家庭をもって以来、とても気楽で幸せになったからです。文学でも、夫は私を導いてくれました。〉

最後に、美智子さまの恋愛結婚について。

正田美智子さんは、テニスコートで出会った皇太子さま（当時）と結婚した。「テニスコートの恋」を国民は大歓迎したのだが、国会では「見初めた人と結婚するのでは、一般家庭の息子と同じではないか」といった批判をする議員もいて、宮内庁長官が「宮内庁が責任をもって選んだ」と恋愛を否定する答弁をしたりしていた。

これに待ったをかけたのが、共同通信記者で学習院初等科から殿下と同級だった橋本明さんだ。お二人のご結婚前に学習院中等科・高等科合同クラス会があり、そこで交わした殿下との会話をご結婚二日前に記事にしたのだ。一問一答形式のその記事から、一部を引用する。

〈――世間では〝皇太子の恋〟といわれてるんですが、宮内庁長官などはこれは恋愛ではないといっています。殿下はどうお考えですか。

皇太子　初めは客観的に出発したんですよ。いろいろな女の人の中から、こちらの条件に合った人を選んでいって彼女が出てきた。それからだんだん後半になって、それが恋愛になったわけだ。〉

橋本さんは「恋愛」という事実を国民に知ってほしいと記事にしたが、殿下に黙って書いたことが心苦しく、謝りに行ったと著書『美智子さまの恋文』で明かしている。この記事を、正田美智子さんは読んだだろうか。

キリスト教的なものの存在

ところで、三人の共通点である「それぞれの道を邁進している」を考えるとき、聖心がカトリックの学校だということを抜きにはできないだろうと思う。キリスト教のことを語る資格はまるで持ち合わせないのだが、緒方さんと曽野さんの発言や文章から、聖心が与えたであろうキリスト教的なものを感じることが多々あるのだ。

たとえば二〇一三年（平成二十五年）に放送されたNHKスペシャル「緒方貞子　戦争が終わらないこの世界で」。緒方さんは、現代の若い世代に必要なのは多様性への対応だと語っていた。そして、どう対応すればよいかといえば「尊敬」だと明言した。隣の人は自分と同じと思わない方がよい。そして違った部分をよく理解し、より尊敬するのだと。

そして「異人ってあるでしょ。ほんとは、にんべんの『偉人』にしなくちゃいけない。それを異なる人にしている」と悔しそうに語っていた。

『神さま、それをお望みですか』で曽野さんは、緒方高等弁務官のアフリカ四カ国（ジンバブエ、南アフリカ共和国、スワジランド、モザンビーク）訪問に随行した一九九四年（平成六年）の体験を書いている。あるとき緒方さんと同じ飛行機に乗ることになった曽野さんに、緒方さんはこう提案したという。

「もしあなたが日本でそういうグループを作ることができれば、『憎悪の研究』というのをやって頂きたいの」

曽野さんは、その年に国連難民高等弁務官事務所が使った金は十一億六千七百万ドル、それはすべて「憎悪の対価」なのである、と書いた。

「尊敬」や「憎悪」という言葉にキリスト教的なものを感じるのは、無知ゆえの勝手な思い込みかもしれない。勝手を続けるなら、本項冒頭で紹介した正田富美子さんと曽野さんの対談から、一つ言葉を紹介したい。

曽野さんが美智子さまのことを「ただおきれいでやさしいだけではないですから実に〝歯ごたえ〟のある方ですから」と言うと、富美子さんが美智子さまの言葉を次のように紹介した。

「よく、ご自身申されることで、私が感銘を受けるのは、『見える、あるいは目に見えない多くの助けを身にしみて感じる』と、言われることです。つまり祈ってくださる方々に感謝していられるのだと、私は受け取らせていただいています」

結婚し、長く働き続けてきた人たち

美智子さまは皇后になられてから、お誕生日のたびに文書を出している。宮内記者会からの質問に答えるもので、その文書に二度、「緒方貞子さん」という言葉が出ている。

一度目は一九九二年（平成四年）。「この一年で印象深かったことは何ですか」という質問へのご回答。

〈緒方貞子さんの難民高等弁務官のお仕事。オリンピックの競技と、閉会式で弾かれた「鳥の歌」。スペースシャトルと地上班との間で、お互いに名前を呼び合いながら、交わされた宇宙実験の会話。〉

緒方さんが難民高等弁務官に就任したのは前年で、湾岸戦争後のクルド人難民とユーゴスラビアからの分離独立によるボスニア紛争という大問題にいきなり遭遇した。ボスニアの首都・サラエボへ救援物資を空輸したのが七月で、その月に、バルセロナオリンピックが始まっている。

二度目は二〇一七年（平成二十九年）。「この一年を振り返って感じられたこと」へのご回答は、二十五年前に比べてとても長くなっているので、以下はほんの一部である。

〈世界にも事多い1年でしたが、こうした中、中満泉さんが国連軍縮担当の上級担当になられたことは、印象深いことでした。（中略）国連難民高等弁務官であった緒方貞子さんの下で、既に多くの現場経験を積まれている中満さんが、これからのお仕事を元気に務めていかれるよう祈っております。〉

この回答が公表されてほぼ半年後の二〇一八年（平成三十年）、曽野さんは読売新聞に文章を寄せた。天皇陛下の退位まで残り一年になった四月三十日のことだ。

年に数回、三浦半島にある曽野さんの家を訪ねる天皇皇后両陛下に、三浦大根の葉を干して炒めた料理を出した思い出などを書き、「間もなく終わろうとしている平成は良い時代だった」とした。そして締めくくりは、こうだった。

〈私は64年間、休みなく働いてきたが、最近、疲れて起き上がれない日もある。両陛下は私たちの生活とは比べられないほど多忙で、お疲れだと思う。退位後はゆっくりして上皇、上皇后という新しいお立場から、日本を末永く見守っていただきたい。〉

「64年間」を計算すると、出発点は一九五四年（昭和二十九年）になる。曽野さんが三浦さんと結婚し、初めて書いた中篇小説『遠来の客たち』が芥川賞候補となった年だ。結婚し、仕事を開始する。それは曽野さんと美智子さまの共通点でもある。

最後に、緒方さん、曽野さん、美智子さまに共通するものを、もう一つだけ。

それは少女時代の写真が、たくさん残っているということだ。昭和一桁生まれの三人だ。カメラはまだ庶民のものではない。育った環境はそれぞれ違うが、写真が残るという環境は共通していたということだろう。

緒方さんの四つか五つの頃の写真は、両親と弟と一緒のもの。貞子ちゃんはベレー帽にくるぶしまでの革靴で、コートをきちんと着て、とても可愛らしい。

曽野さんの十歳頃の写真は、聖心の制服と思われるブラウスにジャンパースカートを着て、黒いタイツ、革靴を履いている。ハンサムな父の隣で緊張した表情の曽野さんは大人びて、すでに美人の風格だ。

私が見た膨大な美智子さまの写真の中で、最も小さいときのものは一歳の頃のもの。クルクルの髪の毛の愛くるしい美智子ちゃんが、右手を上げている。後ろには、美智子ちゃんと同じくらいの背の高さのクマの縫いぐるみが、同じく右手を上げている。

3　卓越した被写体であるということ

ファッション性とアイドル性

天皇皇后両陛下の写真集は、たくさんある。ほとんどがお二人の節目の年に出ている。「時代の記録」という意味で、出版にはよいタイミングとなる。

『平成の天皇　皇后』（毎日新聞社）、『平成皇室のあゆみ』（読売新聞社）は一九九九年（平成十一年）、どちらも「天皇陛下ご即位十年、ご成婚四十年」のタイミングで出され、それが副題になっている。十年後には『天皇皇后ご成婚50年』（朝日新聞出版）というそのままのタイトルのもののほか『祈り』（主婦と生活社）、『心をともに』（共同通信社）も出されている。

どの写真集も、作りはさほど違わない。ご成婚の日の写真（皇太子殿下は黄丹御袍《おうにのごほう》、美智子さまは十二単という装束での「賢所大前の儀《かしこどころおおまえのぎ》」、「朝見の儀」を終えての馬車でのパレードなど）を前の方に置く。その次にかなりのページをさいて、ご婚約前後の正田美智子さんとご家族の写真が入る。以後はお二人の地方や外国訪問などご公務の写真。それと同じかそれ以上の分量で、お二人のお子さまたち（現在の皇太子さま、秋篠宮さま、黒田清子さん）が育っていくご家族の写真で構成される。

このように書くと、どれも同じになるように思われるかもしれないが、全くそうではない。新聞社、出版社がもっている膨大なお二人の写真。そこから選んでいくのだから、バリエーションは無限に広がる。

膨大さの一端として、朝日新聞社の写真データベース「フォトアーカイブ」で「美智子さま」と検索すると、一万五千五百六件がヒットする。「天皇陛下」から「昭和」というキーワードを除外して検索すると、二万二千八百二十一件がヒットする（ともに二〇一八年十一月末現在）。二つの数字を足すと三万八千三百二十七枚の写真があるということになるが、お二人で写っている写真は重複しているし、データベース化されていない写真もあるので正確ではない。

とはいえそのような数の写真を、メディアがそれぞれ所有している。だから節目の年に報道写真集が各社から出るのは当然だし、加えて昨今は美智子さまに焦点を当てた写真集が増えている。

着るものがよくお似合いになり、人の心をとらえて放さない。そのような美智子さまをアピールしたもので、それはつまり美智子さまの「ファッション性」「アイドル性」に依拠したもの、と言い換えられると思う。

美しさ、優しさ、憂い、そして強さ

個人的な話で恐縮だが、美智子さまの写真集を編集者として世に送り出したことがある。『美智子さまのお着物』というタイトルで、二〇〇九年（平成二十一年）に出した。ご即位二十年、ご成婚五十年の節目に当たる年だったが、そのことはうたうことなく、美智子さまのお着物姿の写真だけで構成した。

その頃、若い女性がお出かけ着として着物を着ている姿を、街でポツリポツリと見かけるようになってきた。成人式に着るだけのものでなく、日本の文化として見直されているようだ。そんなことを感じていたとき、ある編集者が「美智子さまのお着物姿が、とてもステキだ」と言い出した。

見てみると、お着物をお召しになった写真が大量にある。ならばと時代ごとに構成し、写真集にしたところビジネス的にも大変成功し、その後類書も相次いで出版された。

この成功を、当時は単純に「美智子さまがエレガントだから」程度にしか考えていなかった。だがその後、美智子さまという被写体について、もっと深く考えることになった。きっかけは、二〇一六年（平成二十八年）に出た『とっておきの美智子さま』という写真集だった。

サブタイトルに「『平凡』が見た若き日の素顔」とあるこの写真集、現在はマガジンハウスに名前を変えた平凡出版が撮影した美智子さまの写真で構成されている。ご結婚が決まった一九五八年（昭和三十三年）から一九八〇年（昭和五十五年）までの百五十八枚が掲載されているが、二万八千五百四十八枚の写真から選んだそうだ。

長く新聞社で美智子さまの写真を見てきた身には、驚きの写真集だった。居並ぶ写真は美智子さまの「表情」「着こなし」に狙いが定められ、どこでどういうふうに撮られたかという情報は二の次だ。報道性の代わりに、美智子さまの美しさ、優しさ、明るさ、憂い……さまざまなものが写っていた。

主張の強い写真ではない。だが全体を通して見ると、強い写真集になっていた。美智子さまは、そんな被写体なのだ。写真は人間の内面を映し出すと改めて思った。美しく、優しく、明るく、時に憂いを帯びる。そしてトータルするならば強い。美智子さまが、写っていた。

さらには、「撮られる」ということへの美智子さまの覚悟のようなものを感じた。カメラを過度に意識しない。だが、撮られていることは承知している。そういう被写体だから、見る者が引きつけられる。そんなふうに思った。

「撮られる者」としての正しい動き

元日本テレビの渡邉みどりさんが語ってくれた、結婚後まもない美智子さまのエピソードは、「覚悟」の始まりの目撃談ではなかったかと思う。

それは結婚から半年たった一九五九年（昭和三十四年）十月、美智子さまは母校の聖心女子大学で開かれた国際バザーを訪問した。このときの写真は、さまざまな写真集でよく使われている。

「Welcome!! Shop of Japanese Handmade Gifts」と書かれた模造紙が貼られた店には、日傘とかネクタイとか日本的な柄を使った小物がたくさん並べてある。美智子さまは白地に蘭の花と葉の柄の訪問着をお召しになり、大きな唐草文様の帯を締めている。

そこが撮影ポイントとあらかじめ設定されていて、報道陣はみなそこで待っていた。渡邉さんも若手のテレビ局員として、そこに立っていた。

前列にカメラマンがズラリと並んでいたが、そこで渡邉さんが目を見張ったのが、美智子さまの振る舞いだった。ごく自然な様子で少しずつ手と顔の角度を変えて、どのカメラにも自分と手にした商品がきちんと写るようにされていた。

どのカメラにも不平等が生じないようにという配慮とわかり、感心した。だがそれ以上に感動したのが、その振る舞いが「撮られる者」としての正しい動きになっていたことだと渡邉さんは言う。皇太子妃というお立場を、すでに体得されている、すごい方だと思ったそうだ。

国際バザーには、どれくらいの取材陣が駆けつけたのだろう。美智子さまを取材する人数の多さの一端は、小泉信三さんが雑誌「新文明」に寄稿した「四月十日前後」という文章から推し量れる。

皇太子殿下（当時）の教育係で美智子さまとの縁結びにも深くかかわっていた小泉さんが、ご成婚前後の日々を日記形式で記したエッセイだ。こんな記述がある。

〈四月十七日。快晴。

皇太子同妃両殿下、伊勢神宮、畝傍《うねび》山稜へ御参拝のため、九時十分東京駅御出発。プラットフォームに御見送りする。岸首相、田中最高裁判所長官、藤山外務大臣、正田英三郎氏夫妻その他御見送り。プラットフォームに入るを許された写真班員七十人という。〉

ご成婚パレードの大興奮が冷めやらぬときとはいえ、ご出発というだけの東京駅にあまりに多くのカメラマンがいて、驚いた小泉さんがその人数を誰かに尋ねたのだろう。

朝日新聞フォトアーカイブにも、その日の東京駅の写真が保存されている。右端に岸首相を入れる構図で、お二人はかなり小さく写っている。七十人の中の一人として、遠くから撮ったのだろうか。

なぜ浩宮さまを抱いて車窓を開けたのか

このように大勢のカメラマンに囲まれ続けた美智子さまだが、メディアとの向き合い方にはさまざまな葛藤もあった。

一九六〇年（昭和三十五年）二月、浩宮さま（現在の皇太子さま）がお生まれになったときの写真をめぐるエピソードは、かなり有名と言ってもいいだろう。宮内庁病院から退院され、当時お住まいだった東宮仮御所に戻る際、報道陣のカメラに浩宮さまが写るように美智子さまが車の窓を開けたことで「寒い中、生まれたての赤ちゃんになんてことを」という批判を招いたという一件だ。

だがこれは、美智子さまが「生まれたてなので、フラッシュだけはたかないでいただきたい」と宮内庁の記者クラブに要望され、「それでは写らない」と記者クラブが要望を却下したことに端を発する出来事だった。クラブ側と東宮侍従がやりとりをし、フラッシュはたかない代わりに窓を開けてゆっくり発進するということで合意し、退院、撮影となったのだ。

この顚末についてはのちに、八木貞二元東宮侍従が「文藝春秋」に文章を寄せている。

〈クラブの人々は、何とかして新宮様をお抱きの妃殿下のよいお写真を頂きたいし、一方妃殿下は、何とかしてこの強い光の衝撃から新宮様をお守りになりたかったのだろう。結果として、記者クラブからの代案が出された。（中略）妃殿下はこの代案を受け入れ、窓をお開けになった。窓を開くか、フラッシュをたくか、二つに一つを選ぶ中での選択であった。〉

（二〇〇二年三月号）

出産から四年、美智子さまが写真撮影について語られるということがあった。一九六四年（昭和三十九年）二月、浩宮さまの四歳のお誕生日を前にし、お一人で臨まれた記者会見の席だ。記者から「浩宮さまは人見知りをされますか」と尋ねられ、こうお答えになった。

「皆が思っているよりは社交性はないのではないでしょうか。外でカメラなんかに取り囲まれると、握っている手がぐっと強くなるのがわかります。人見知りをし過ぎても困りますが、全然無関心なのも恐ろしいと思います」

「人見知りをするか」という質問に対し、カメラを意識し、こわばる我が子の様子を語る。過度な撮影への、美智子さま流のクレームだったかもしれない。

二〇〇八年（平成二十年）、「文藝春秋」四月号の特集「天皇家に何が起きている」の中で、東京大学教授の御厨貴さんはノンフィクション作家の保阪正康さんらと対談、このように述べている。

「昭和二十二年の新憲法以来、ずっと続いてきた象徴天皇という制度は、国民の支持によって成り立っています。『開かれた皇室』をキャッチフレーズに、私的な部分、つまり理想の家族としてのプライバシーを部分的に国民に開放することで、人気と支持を勝ち得てきた。その切り札が、まさに美智子皇后だったのでしょう」

「正しく撮られる」ことで「切り札」になる

美智子さまは嫁いですぐ、自分が切り札だと自覚されたのだろうか。多分、そうではないと思う。そうではないが、大勢のカメラマンを前にして、よかれと思って振る舞うことが「正しく撮られる」道につながる。それが美智子さまを「切り札」にさせる秘訣。そんなふうに思う。

美智子さまはご成婚から二週間後、初めてのお里帰りをなさるにあたり、トルコブルーの地の大振袖をお召しになった。当然、大勢のカメラマンが行った。それから一年半後、初の外国訪問となったアメリカで、美智子さまは同じ着物をお召しになった。ただし袖を短く詰めて、訪問着に仕立て直していた。

渡邉さんは、そのことに気づき番組で伝えた。もちろん、その場面が映像に残っているから、それを使って。

ほかにも、たとえば植田いつ子さんがデザインした、右側が青、左側が白のイブニングドレスがある。アメリカでレーガン大統領のナンシー夫人と会ったときにお召しになった。一九八七年（昭和六十二年）、美智子さまはまだ皇太子妃だった。それから平成になり皇后陛下になられたが、そのイブニングドレスを何度となくリフォームされ、諸外国の要人と会うときにお召しになった。

渡邉さんはそのような美智子さまの「着回しの知恵」をいくつも発見し、本にまとめた。それらが写真に残っているから、本には必ず添えられる。こうして美智子さまの「ものを大切になさる」精神が、国民に伝わっていく。

好循環を作れなかった雅子さま

そのような好循環をうまく作ることができなかったのが雅子さまだ。

一九九四年（平成六年）二月、婚約を決める皇室会議が終了してから一年がたったタイミングで、皇太子さまと雅子さまが記者会見をされた。そこで雅子さまに「皇室に入られてから一番苦労されたことは」という質問があった。

雅子さまの答えは、「難しゅうございますね。多分やはりこれまでの自分の人生の中でなかったような場面というのが色々ございまして、といいますのは、例えば、常に人に、大勢の人に見ていられるというような状況は今まで経験したことはございませんでしたので、そういったことで少し最初のうち驚きを感じたりいたしました」。

ここでの「大勢の人」は一般の国民でもあるだろうし、取材者を指してもいるだろう。「プライバシー」という概念が当たり前になり、尊重されるべきものとなっている。そういう時代に雅子さまは生きている。だから雅子さまが口にされた「苦労」、つまり違和感は、同世代を生きる者として、よく理解できる。

二〇〇三年（平成十五年）には、こんなことがあった。

五月、一歳半になられた愛子さまを連れて皇太子さまと雅子さまは東宮御所近くの公園に行かれた。遊ぶ愛子さまを皇太子さまが撮影したり、居合わせた親子連れとおしゃべりをしたり。

初回はそれですんだのだが、二回目にはメディアの知るところとなり、その様子が撮影された。「愛子さま公園デビュー」と好意的に報じられたが、雅子さまはショックを受けたという。七月にも二回、三人で別の公園を訪れたが、結果は同じだった。その上、公園にいた一部の「ママ友」が携帯電話で撮った写真もメディアに流出してしまう。

それについての困惑を語ったのは、皇太子さまだった。翌年二月、誕生日を前にした記者会見で語ったのだ。一般に子どもは「他の子供と出会ったり、様々なものを見て、また、様々な刺激を受けながら育っていくもの」なので、皇室という環境にありながらそういう場をどう作っていくかが課題であると説明し、こう述べた。

〈昨年も公園に子供を連れて行ったのもその一つの試みでしたが、どうしても毎回取材の対象になってしまうなどなかなか自然な形では難しいように思いました。（中略）愛子の成長過程を知りたいと思う国民の皆さんの期待にもこたえる必要がありますが、出る度に取材の対象になっては子供もかわいそうです。〉

雅子さまは外務省に勤務していた時代、「お后候補」という情報がマスコミに伝わり、たくさんのカメラに追いかけられた。以来、カメラへの拒否感が心にあったという。それから「ご懐妊の兆候」がスクープ記事として書かれ、結局流産してしまったことが決定的な「マスコミ不信」につながり、公園デビューの件などもあって、すっかり「カメラ嫌い」になった。そのように伝えられている。

朝日新聞フォトアーカイブで「雅子さま」と検索すると、七千八百九十七件ヒットする（二〇一八年十一月末現在）。そのうち六千件以上は、二〇〇三年（平成十五年）までのもの。その年の暮れから雅子さまは体調を崩し、休養に入られたので、以後は極端に写真が少なくなる。

二〇一九年に平成が終わり、皇太子さまが天皇陛下に、雅子さまは皇后陛下になられる。お二人の写真集を各社が出すことは、ほぼ間違いないだろう。雅子さまの写真が入れば、グッと華やかになる。たくさん入れたい気持ちは、どの編集者にも共通のはずだ。写真選びに苦労するだろうなと、元同業者として勝手に心配している。

代替わりに向けては、天皇陛下と美智子さまの歴史を振り返る写真集も、数多く出版されるはずだ。こちらは各社の編集者が、腕によりをかけて写真選びを進めるに違いない。

平成になってから、宮内庁の記者クラブ員として取材をしていたある女性記者が、しみじみと言っていたことを思い出す。

陛下と美智子さまがお二人でご視察に行かれるとき、取材のカメラは先回りし、決められた位置で待ち構えているのが慣例だ。陛下が足を止められると、美智子さまも足を止められる。

そこでカメラマンたちはシャッターを押す。

そのときの美智子さまの「立ち位置」が、カメラマンから見て絶妙なのだそうだ。陛下が前、美智子さまが後ろ、ちょうどいいバランスでお二人が写るというのだ。

美智子さまは取材者の目が、わかっているのではないかといつも思う。彼女はそう言っていた。

4　苦しみと悲しみという援軍

理不尽を訴えることもなく

出産後、宮内庁病院を退院される美智子さまが車の窓を開け、浩宮さま（現在の皇太子さま）をカメラのフラッシュから守ったという一九六〇年（昭和三十五年）二月のエピソードを前項で紹介した。元宮内庁侍従次長の八木貞二さんが「文藝春秋」（二〇〇二年三月号）への寄稿で明らかにしたのだが、この文章、私にとって驚きのポイントは、実はほかにあった。

八木さんは、浩宮さまご誕生の四年後に東宮侍従になった。なので、フラッシュの話は鈴木菊男さんという東宮大夫から聞いたものとして書いている。それに八木さんが補足した部分がある。

〈当時、皇后様は、ご退院の時、浩宮様をご自身でお抱きになって、病院のお部屋からお車までの道を歩かれることは許されていらっしゃらなかった。これは、私が勤めてから後の礼宮様、紀宮様のご退院の時も同様であった。それなればこそ、当時お車に乗られ、牧野純子東宮女官長から浩宮様を受け取られ、お膝に抱かれた妃殿下と宮様のお写真を、マスコミが何としても取材したかったことは無理からぬことであった。〉

えっ、なんですか、これ。退院時に生まれた子どもを抱っこして出る。それが「許されて」なかったって？ つまり「許さない」人がいたってことですよね？

確かによく考えれば、明るいうちに退院し、玄関を出たあたりで美智子さまが浩宮さまを抱いて立てば、フラッシュなしで撮れたのだ。実際、現在の天皇家の場合、眞子さまから佳子さま、愛子さま、悠仁さままで、「抱っこする母の隣に父」という写真が退院の際の定番になっている。

母が子を抱いて退院する。そんなシンプルなことが許されない。六十年近く前だったとしても、やはり不思議に思う。当の美智子さまは、どう考えていたのだろうか。八木さんはこう書いている。

〈乳人をおかず、ご自身の手で育てるということを許され、深く感謝されていた妃殿下は、当時ご出産に関する他のことについては、全て宮内庁と侍医団の決定に従われ、自らの意向を示されることは殆どなかったという。〉

「乳人制度廃止」という果実を得るため、そのほかのことはすべて呑んだ。ただ一つ、フラッシュのことは子どもに関わるので抵抗した。そう読める。

「乳人制度」についての最終判断を誰がしたかはわからない。だが、子育ての習慣を大きく変えようというのだから、皇后の同意は欠かせないはずだ。となると、生まれた子どもを抱いて出ることを許さなかった人も……と邪推してしまうのは私だけだろうか。

いずれにせよ美智子さまは、自身で育てられることに「深く感謝」するゆえ、抱っこで退院できないことを「理不尽」と訴えることもなかった。

どんどんやせられた美智子さま

そのような人であるから、美智子さまは結婚後、どんどんやせられた。

百六十センチ、五十四キロ、八十センチ。

ご婚約決定にあたり、新聞が報じた正田美智子さんの身長、体重、バストのサイズだ。ウエストやヒップのサイズを報じる新聞もあった。今の感覚なら身長の公表さえも迷うところだが、当時は違った。

そしてその頃の正田さんは、健康的な丸顔で、とても可愛らしかった。

嫁いで半年。皇族になって初めてのお誕生日を迎える十月、二十五歳になる美智子さまの写真が公表された。あごのラインが鋭角になり、はつらつとしたお嬢さんといった雰囲気はすっかり消えていた。少し憂いをたたえたようにも見える。

『美智子さまのお着物』という本を作ったとき、この写真をカバーにした。ブックデザイナーが思わず漏らした「吉永小百合よりきれいじゃないか」という一言が忘れられない。サユリスト世代のデザイナーだった。

体重減は、美智子さまに大人の美しさを与えたのは間違いない。が、世間には「なぜやせたのか」という疑惑が芽生えていった。思考は当然、「民間初の皇太子妃」だからではないか、というところに向かう。

この写真が公表されて四カ月後に、浩宮さまがお生まれになった。同じ年の九月、皇太子さま(当時)と美智子さまはアメリカを訪問されることとなり、お二人は出発前に記者会見をされた。

記者から「妃殿下は最近やせておられますが」と質問があった。美智子さまが「一児の母ともなると、あまり太ってはいられません」と答え、続いて殿下が「米国の準備もいろいろあったし、どうしても太れません」と答えたのは、妻がやせていることがあれこれ取り沙汰されているのを承知した上で出した助け舟だったのだろう。

このときの写真も残っているが、前年十月よりさらにやせている。あごだけでなく、頬のラインもすっきりし、丸顔の頃の面影はすっかり消えている。

「皇族としての生活にお慣れになりましたか」という質問もあった。

「むずかしいと思うこともたくさんあるし、つらいこともあります。いつになったら慣れるのか見当もつきません。けれども一般論になりますが、人間同士が幸せであれば、環境に対処するエネルギーも生まれてきます。

時には八方ふさがりのような気持ちになることもありますが、妥協というのではなくて、こなりに自分を伸ばしていく角度は見つかると思います。やっと安定した家庭生活のメドがついたようです。

自分を充実させていくには、まだ長い年月がかかるでしょう。両陛下が優しく心を使って下さるし、世間も温かく見守ってくれるし、何よりも家庭でいつも二人の男性に取り巻かれているのは本当に幸せです」

美智子さまはそう答えている。つらい気持ちは正直に示すが、前向きさを忘れない。単なる決意表明でなく、前向きになれる根拠と進むべき方向を具体的に示す。義父母と国民への感謝をしっかり述べ、最後は夫と生まれたての子どもを「二人の男性」と表現、笑いを誘う。パーフェクトな記者対応だと感服するばかりだ。

だが、美智子さまの体重減は止まらない。「十キロ以上やせた」が定説になった。

美智子さまの娘世代である私は、それを写真で追いかけるだけだが、この頃の美智子さまはとてもおきれいだ。シャープなモデルのような体型だから、何を着てもお似合いになる。

アメリカを訪問した翌年の一九六一年（昭和三十六年）は、美智子さまのステキな写真の宝庫だ。六月に浩宮さまと葉山海岸で砂遊びをしたときのワンピースは、細いストライプのノースリーブ、肩にはリボン、鎖骨がきれいに見えるデザイン。この写真が女性週刊誌のグラビアを飾ると、翌週にはそっくりのワンピースが銀座の洋装店のウィンドウに並んだという。十一月には英国大使館で開かれたアレクサンドラ王女主催の晩餐会に出席された。ティアラをつけ、ドレスをつまんで裾をもち上げる美智子さまは、「ローマの休日」のオードリー・ヘプバーンよりきれいと言いたくなる美しさだ。

だが、一九六五年（昭和四十年）あたりを境に、美智子さまの写真が変わってくる。目の下のくまが目立ち、「やせた」の域を超え、「やつれた」に見えるものが増える。美智子さまへの強い風当たり、ストレートにいうなら「嫁いびり」。世間はそう見ていた。当時、姑と暮らす人がまだ多かった。だからことさら、同世代の女性は美智子さまに同情し、応援する気持ちになった。美智子さまファンの「熱量」は、体重減と反比例して上がっていったと思う。

一九五八年（昭和三十三年）、お二人のご婚約が発表された直後に創刊された週刊誌に「女性自身」がある。初代編集長が「文藝春秋」二〇〇三年十一月号「皇后美智子さま51人の証言」で明かしたところによると、創刊号であえてご婚約を取り上げなかったら返品の山となり、二号目からは一転、美智子さまを追い続けた。

いつの間にか「皇室自身」の異名さえとるようになったとも明かしていたから、毎号のように美智子さまを取り上げたのだろう。十年後には百万部雑誌に成長したという。美智子さまに熱い思いを寄せる人が十年で百万人になったのだとすれば、とてつもない数字だ。

「くま」と「おやつれ」の日々

『入江《いりえ》相政《すけまさ》日記』が出版されたのは、一九九〇年（平成二年）だった。一九三四年（昭和九年）に侍従職侍従になり日記をつけ始め、一九六九年（昭和四十四年）に侍従長に。一九八五年（昭和六十年）十月の退任二日前に亡くなったが、その前日まで日記をつけていた。そこには「やはりそうだったか」と思える記述が満載だ。

〈東宮様の御縁談について平民からとは怪しからんといふやうなことで皇后さまが勢津君様と喜久君様を招んでお訴へになつた由。〉（昭和三十三年十月十一日）

勢津君様というのは、秩父宮妃勢津子さまのこと。喜久君様というのは高松宮妃喜久子さま。お二人とも、昭和天皇の弟の妻にあたる。香淳皇后が義理の妹二人に言ったという「平民からとは怪しからん」を今どき流に訳すなら「平民なんて、ありえない」だろう。

香淳皇后の意に反し（と書いてしまうが）、次の月には皇室会議が開かれ、婚約が決定する。それから十年近くたっても、香淳皇后の気持ちはあまり変わっていなかった。

〈三時に出て東宮御所。三時半から五時四十分迄二時間以上、妃殿下に拝謁。近き行幸啓の時の料理のこと。これが時間としては大部分だつたが、終りに皇后さまは一体どうお考へか、平民出身として以外に自分に何かお気に入らないことがあるか等、おたづね。夫々お答へして辞去。〉（昭和四十二年十一月十三日）

美智子さまの「くま」が目立ち始めた頃の記述だ。この状況はその後もあまり変わらなかったことが、あるテレビ番組から垣間見えた。

一九八四年（昭和五十九年）、皇太子さまと美智子さまの結婚二十五周年を記念して放送された「思い出のパレードから25年　皇太子ご夫妻銀婚式に捧ぐ」（日本テレビ系）は、渡邉みどりさんが総合演出した番組だ。そこに登場した高松宮妃喜久子さまは、美智子さまの「おやつれ」についてこう語った。

「ある年、東宮御所の桜の花がとても美しくて、ちょうど母の命日でもあり、ひと枝所望したことがありました。そのことを美智子さまは忘れずに覚えていらっしゃって、それから毎年、桜の季節になると御所のひと枝の花を母の霊前に届けてくださるんですね。そんなことにいちいち気をお使いになるから、お太りになれないんですよ」。そしてこう付け足した。「おしおらしいことで」

控え目でつつしみがあり、感心である。「しおらしい」はそういう意味だと、広辞苑にはある。それに「お」をつけて、「ことで」と結ぶ。この番組は二一・四パーセントという高視聴率を稼いだという。

美智子さま以外は全員黒い服事件

ご結婚前に「恋愛」という言葉を皇太子さま（当時）から引き出した共同通信記者の橋本明さんは、二〇〇七年（平成十九年）に『美智子さまの恋文』を出版している。

一九六三年（昭和三十八年）三月、「美智子さま二度目のご懐妊」が発表されたものの、異常妊娠と診断される。発表から三週もたたず、流産の処置がとられた。橋本さんは、この時点から筆を起こし、「何が美智子さまを追い詰めたか」を追っていく。

小学校から学習院で陛下と同級だった橋本さんは、宮内庁をはじめ皇室内外に知り合いが多い。その人脈を駆使し取材を重ね、「民間から妻を迎える皇太子の近代像に違和感を抱え、伴侶に悪意を抱く」人たちの存在を浮かび上がらせる。お二人を認めたくない旧皇族、旧華族の人々。その人たちの住む世界を橋本さんは、「旧世界」と表現した。

橋本さんが注目した一人に、松平信子さんがいる。元佐賀藩主で侯爵の鍋島直大を父に、元会津藩主・松平容保の四男を夫にもつ。秩父宮妃勢津子さまの母であり「東宮職参与」の肩書きをもち、女子学習院の同窓会「常盤会」の会長でもあった。

橋本さんは取材に行くうちに、松平さんに可愛がられるようになる。そして、保科武子侍従職女官長（旧皇族・北白川能久の三女）と牧野純子東宮職女官長（男爵の鍋島直明の長女）が松平邸に集まり、三人で美智子さま情報を交換していることを知る。

フラッシュ騒動の際、浩宮さまを抱いて病院から出て、車の中で美智子さまに手渡した牧野さんはいつも和服を着た迫力ある女性で、お若い頃の美智子さまの写真では必ず横に写っている。

〈初参内の時に着用した手袋が短かったという批評と酷評も、三人の場で出ていた。実際は宮内庁が貸与した手袋だったのだが、「モノを知らない家」という形で罵りの対象にされた。新聞報道とは裏腹に、「皇后が東宮妃にご不満」という情報はいち早く信子にもたらされていた。〉

橋本さんは皇太子さま（当時）の弟である義宮さま（同、現在の常陸宮さま）のお妃選びの過程も追いかけた。兄弟が助け合っていくためにも美智子さまと折り合いのよい女性、つまり「旧世界の外」から探す動きもあったのだが、最終的には旧伯爵家の娘・津軽華子さんに決まった。

徳川家につながる旧伯爵・津軽義孝さんの四女。初等科から短大英文科まで学習院という華子さん。

〈あの社会で、自然に振る舞う「血」を生まれながらに与えられた女性であり、旧華族内で磨きをかけられた女性である。（中略）華子妃を迎えた「旧世界」は、かつて己れが、また先祖が享受した特別な雰囲気に浸り、これが安心感を生み出した。自分たちの与えられていた身位と天皇との距離が感覚的によみがえり、普通人にはありえない意識を再認識する。微妙な身内意識は華子妃に向かって大きく開き、東宮妃に対して狭まる。〉

日本赤十字社の話が出てくる。一九四七年（昭和二十二年）の定款改正で「皇后」が名誉総裁を務めることになった同社は、設立時から皇室とのかかわりが深い。社屋の二階には皇族室があるという。

〈皇族室西側小部屋にはお針子姿になってご奉仕なさる際、それぞれが召される皇后陛下、直宮妃、東宮妃、常陸宮妃らの白衣が収めてある。華子妃が新たに加わってから、同じ部屋、同じ机に向かいながらも、美智子妃だけポツンと作業される姿が多くなったと日赤関係者が語る。半面、華子妃は会話の中心に迎えられ、お賑やかであった。〉

私は一枚の写真を思い出した。一九六八年（昭和四十三年）十一月二日、日本赤十字社の有功章と特別社員章の親授式の写真だ。

壇上で名誉総裁である香淳皇后がお言葉を読み、少し離れた席で五人が立ち並び、聞いている。皇后さまに近い方から皇太子妃美智子さま、常陸宮妃華子さま、秩父宮妃勢津子さま、高松宮妃喜久子さま、三笠宮妃百合子さま。

皇后さまは黒い服を着ている。美智子さまは白い服を着ている。華子さま、勢津子さま、喜久子さま、百合子さまは黒い服を着ている。美智子さま以外は全員黒。

モノクロ写真なので、微妙な色使いはわからない。だが、明らかに美智子さまにだけ、ドレスコードが伝わっていない、と見える。ドレスコードは、皇后の着るもので決まると考えるのが自然だろう。美智子さま以外には、「皇后さまは黒」と伝わっていた。美智子さまにその情報が入っていないのは、「伝えない」という作為が働いていた。そう思わざるをえない。

この写真で美智子さまは、下を向いている。皇后の言葉を聞く姿勢として、横に並ぶ五人全員がうつむいているが、美智子さまが一番首を曲げ「うなだれている」ようだ。美智子さまの窮状を憂える同世代女性たちは、気持ちをかきたてられたに違いない。美智子さま、がんばって。そう思わずにはいられない写真なのだ。

誰とも分かつことのできない悲しみをたたえて

それから時がたち、平成になった。美智子さまにとってつらかった日々は、過去のことになったのだろうか。

二〇〇五年（平成十七年）四月、天皇皇后両陛下のひとり娘である紀宮清子さまが、三十六回目の誕生日にあたっての文書を発表された。

同年十一月に東京都庁職員の黒田慶樹さんとの婚姻が決まっている清子さまにとっては、皇族として最後の文書。四百字詰め原稿用紙二十四枚に及ぶ長文で、皇室のありようを自身の経験を振り返りながら書いている。さながら清子さまによる「皇室論」であり、母への深い尊敬を伝えたいという意思が感じられるものだった。

〈私が日ごろからとても強く感じているのは、皇后様の人に対する根本的な信頼感と、他者を理解しようと思うお心です。皇后様が経てこられた道にはたくさんの悲しみがあり、そうした多くは、誰に頼ることなくご自身で癒やされるしかないものもあったと思いますし、口にはされませんが、未だに癒えない傷みも持っておられるのではないかと感じられることもあります。〉

清子さまはこの文章の前段として、美智子さまが一部週刊誌などのバッシング報道にさらされ、倒れ、声を失うという一九九三年（平成五年）、五十九歳のお誕生日のことにも触れている。

評論家の福田和也さんは著書『美智子皇后と雅子妃』の中で、清子さまの文章を取り上げ、こう書いた。

〈皇后陛下の内奥には、誰とも分かつことのできない、天皇陛下とさえ分け合えない、悲しみと痛みがある、と紀宮様は語る。にもかかわらず（略）誰も責めず、言挙げもしないで、なお人にたいする根本的な信頼感を失わず、他者を理解しようとする努力を放棄しない。紀宮様によって語られる皇后陛下は、崇高さを帯びるまでに徹底された謙譲と寛容の

化身である。〉

二〇一八年（平成三十年）五月十六日、美智子さまは日本赤十字社の全国大会に出席された。天皇の代替わりに伴い、名誉総裁は翌年、美智子さまから雅子さまに代わる。美智子さまはこれが最後のご出席、雅子さまは病気療養に入った二〇〇三年（平成十五年）以来十五年ぶりのご出席だった。

美智子さまはこの日、白いスーツ。少し離れた雅子さまは紺色のスーツ。その隣の秋篠宮妃紀子さまは青みがかった白いスーツ。その隣の三笠宮妃信子さまが紺色のワンピース。さらに隣の高円宮妃久子さまは薄いグレーのスーツ。「遠目にはまるでオセロのようで、女性皇族の一体感を演出しているように見えた」と報じるメディアもあった。

この日、美智子さまは壇上から退くとき、雅子さまの方を振り返り、手を差し伸べた。驚いたように雅子さまが近づくと、美智子さまは雅子さまの腕をとるようにし、何か言葉をかけられた。満面の笑みを浮かべる雅子さま。そしてお二人は会場に向かい、深々とお辞儀をした。

「皇后さま、雅子さまにサプライズ演出」。メディアはそう伝えた。

5 新・百人一首とご養蚕

現代を代表する歌人としての美智子さま

『新・百人一首』（文藝春秋）という本がある。二〇一三年（平成二十五年）に出され、「近現代短歌ベスト100」というサブタイトルがついている。正岡子規、与謝野晶子、斎藤茂吉、石川啄木、寺山修司、俵万智……といった歌人百人の中に、皇室から二人が選ばれている。

明治天皇、そして美智子皇后だ。

選んだのは岡井隆、馬場あき子、永田和宏、穂村弘という戦前、戦後生まれの四人の歌人。最年長の岡井隆が、百人と一首の選び方を「はじめに」で説明している。四人で「百人」を選び、各人が割り振られた二十五人の「一首」を選んだそうだ。

「わたしなどは、かなり難問を与えられたと思ったが、明治天皇の御製や美智子皇后のお歌の担当になり嬉しく思ったことであった」と書いた岡井は、この本が出る二十年近く前にも『現代百人一首』を単著で出していて、そこでも美智子皇后を選んでいる。

『新・百人一首』は歌人の生年順に並んでおり、トップバッターが「嘉永五（一八五二）年京都生まれ」の明治天皇。「昭和九年東京生まれ」の美智子皇后の次は、「昭和一〇年青森県生まれ」の寺山修司。

皇后の御歌の中から岡井が選んだのは、「帰り来るを立ちて待てるに季《とき》のなく岸とふ文字を歳時記に見ず」。

岡井による解説には、〈皇后陛下には『瀬音』のような秀れた歌集もあり、詩歌一般についても深い教養をおもちで技芸すぐれた歌詠みでいらっしゃる。あえて平成二四年新年の歌会始の御歌を選んだのは、東日本大震災で失われた人々を岸に「立ちて待」つ人々に思いを致しておられる御歌だからでもある（御題は「岸」）。（略）下の句で「歳時記」を出して四季を問わず待ち続けねばならない者の心に触れておられる。〉とある。

「一をきいて十を知る」だったお妃教育

『瀬音』にはご成婚の一九五九年（昭和三十四年）から一九九六年（平成八年）まで、三十八年間に詠まれた三百六十七首が収録されているのだが、美智子さまを歌人の道へと誘ったのは五島美代子さんだ。明治生まれの歌人で、もちろん『新・百人一首』にも選ばれている。

ご成婚の三カ月前、正田美智子さんへの「お妃教育」における和歌の担当教官に選ばれた。

当時の様子は、五島さんの手記に詳しい。

「文藝春秋」一九七三年二月号「美智子さまの『母の歌』」によると、初対面の美智子さまに五島さんがまず尋ねたのは、「先日の新聞に、皇居にはじめて御参内の時、お化粧しないでゆきたいのだが、と仰せられたとございましたが、本当でございますか」だった。

「はい」という答えに五島さんは、「一番お大事な時にありのままの素顔でいらっしゃりたいという、そのお気持が、お歌の上にも一番大事なこと」と説いた。そこから「歌をつくるに虚飾は不要。醜いところも歌うこと」「百日限りの修行だから、毎日必ず一首詠むこと」「古今の名歌を数首教えるから、好きな一首を暗誦すること」の三つを課し、指導した。

五島さんは東宮侍従の浜尾実さんから「歌については何も知らない。まったくの初心だから、よろしく頼む」と言われたという。そこからの特訓だ。

だが、美智子さまは一日一首どころか翌週には十首もってきた。好きな一首どころか教えた名歌を全部暗誦してきた。「一をきいて十を知るという言葉そのまま、一度直された間違いは決してなさらず、一度教えられた語法は自由に応用してお使いになる」ので、お妃教育が終了した時点では文法、語法、かなづかいを把握、「お心のたけ」を詠めるようになった。五島さんはそう書いた。

最高点以上の四重マルがついた歌

そもそもなぜ、お妃教育に和歌が入るのかといえば、千五百年も前に「民の竈《かまど》の煙」を眺める歌を詠んだ先祖をもつ家なのだ。紀貫之らに『古今和歌集』を編ませた家でもある。そういうところに嫁ぐのだから、これはもうしょうがないというか当然というか、そういうものなのだ。そんなわけで皇室は今も、和歌をたくさん詠むことが日常となっている。

一月に開かれる「歌会始《うたかいはじめ》の儀」は国民参加型として有名だが、それ以外にも月次《つきなみ》の詠進という年中行事がある。これは天皇から一月から十二月まで各月のお題（兼題）が年始に出され、それを詠み込んだ和歌を献上するというもの。加えて天皇、皇后の誕生日と明治天皇の誕生日である「文化の日」にも、和歌を披露しなくてはならない。国民体育大会など地方に出向けば、その土地の自然などを盛り込んだ歌を詠みもする。

が、それだけで終わらないのが皇室であり、美智子さまだ。

「艶書の儀」という平安朝以来の儀式があることを、五島さんも知らなかったそうだ。ご成婚の前日、妃になる人を待つ気持ちを詠んだ歌が皇太子殿下から贈られる。即日、返歌を送る。そのような儀式。しかも殿下から「この歌は、先生に見てもらわないでとりかわしたい」という意向があったという。

さて、正田美智子さんはどんな歌を詠んだのか。五島さんは「文藝春秋」の手記では、「もうこれでお役目十分果たせたという歓びと満足で」歌人冥利の生き甲斐を感じたほどの出来だったとだけ書き、歌そのものには触れなかった。

が、それから一年余り後の一九七四年（昭和四十九年）十一月、「ヤングレディ」誌上で明かしている。

たまきはるいのちの旅に吾《あ》を待たす君にまみえむあすの喜び

「〝たまきはる〟はいのちの枕言葉で、殿下が、御自分を待って下さっている永い御結婚生活を、いのちの旅と表現され、その殿下のもとに明日お上りになることをお喜びになっているという心情のこもった御返歌でした」と五島さんは解説している。

五島さんの美智子さまへの指導はご成婚後も続く。美智子さまの歌は毎年公表されるが、未発表の中にも傑作があった、と五島さんは書いている。その例として、一九六五年（昭和四十年）十一月の礼宮さま（当時）ご出産の際に詠んだ歌をあげる。

「御発表になっていないが、いよいよお産という夜の外は嵐で、その中で御覧になった星のお歌が凄かった」と「文藝春秋」に書き、「〝嵐の騒ぐ、夜空の星を眺めている、これから一つの生命が生まれようとする〟という意味を歌われたのを妃殿下がお作りになったことがあるのですが、非常によい御歌だったのに、その時発表されませんでした」と「ヤングレディ」で訴えている。

五島さんは文学史上、「母の歌人」「母性愛の歌人」と冠される。その歌人をこのように残念がらせる未発表の「母の歌」。まだ三十一歳の美智子さまが詠まれたその歌は、どんなものだったのだろう。

五島さんは美智子さまの歌に、一重マルから三重マルまでをつけていたそうだ。だが最高点以上をつけたくて、四重マルにした歌があるというエピソードも両誌に書いている。「はじめて四重マルをいただいて、跳ねまわってよろこびました」と美智子さまが目を輝かせて語ったというのだが、なぜか「最初に胎動を感じられたときの作」とだけで、歌そのものは明かしていない。

『瀬音』を開いてみると、浩宮さまが誕生した昭和三十五年（一九六〇年）に、「みづからの」と題のついた歌があった。

　吾命《あぎのち》を分け持つものと思ひ来し胎児みづからの摂取とふこと

四重マルはこの歌か、はたまたもっと傑作が未発表の中にあったのか。

才能と絶えざる努力の統合

一九八三年（昭和五十八年）から宮内庁和歌御用掛になったのが、岡野弘彦さんだ。平成に入ってからは皇太子ご夫妻、紀宮さま、紀子さまに毎月一時間ずつ御進講をしている。そのとき、美智子さまからある一首が示され、感想を尋ねられたという。一九九五年（平成七年）の文化の日に詠まれた御歌で、お題は「道」。

かの時に我がとらざりし分去《わかさ》れの片への道はいづこ行きけむ

岡野さんはこの歌のことを、こう評している。

〈不思議に幽暗で、運命的なものが感じられる歌だと思った。（中略）宮廷へお入りになられる前の、ある時期のお心の深い御判断が、しみじみと胸に伝わってくるような気持がして、私はしゅんと胸のつまる思いがした。〉（「文藝春秋」二〇一八年一月号）

分かれ道で、皇室に嫁ぐと決めた美智子さま。もともとは聖心女子大学で英文学を学び、卒業式では代表として英語でスピーチした人だ。

二〇〇七年（平成十九年）まで侍従長をしていた渡邉允《まこと》さんによると、美智子さまは一九七五年（昭和五十年）に東京英詩朗読会というグループに参加し、その活動の中で日本の詩を英訳し、朗読されるようになった。

参加三年目には、過去五年間の自作の御歌を英訳し、朗読したという。月次の詠進で昭和天皇に献上したものの中から、一月から十二月まで一作ずつ選んだ。締めくくりの十二月の歌として選んだのは、「冬銀河」という兼題のもの。

冬空を銀河は乳《ちち》と流れゐてみどりご君は眠りいましけむ

「君」とは、十二月に生まれた天皇陛下のこと。夫を詠んだ歌を英訳し、朗読する妻。嫁ぐ前に学んだ「英文学」を忘れず鍛錬を重ね、婚家の歴史そのものである「和歌」と重ね合わせる。誰彼できることでは、全くない。

渡邉さんは美智子さまが詩の英訳に取り組んだ四十年を振り返って、こう書いている。

〈才能と絶えざる努力の統合がここに見られると申し上げるべきであろうが、一方、面白いと思われることには、ご苦労があっても、そこに楽しみを見出されるという皇后さまのご性格が現れていて、それはもしかすると科学者としての天皇陛下のご性格とも響き合うものではないかと拝見している。〉

（「文藝春秋」二〇一五年一月号）

このような人を得た皇室は、果てしなく幸運だったと思うと同時に、このような人の後に続く人の大変さをしみじみと思う。が、その話は次章に譲る。

養蚕への熱心なお取り組み

もう一つ、美智子さまが取り組まれている皇室の伝統に「養蚕」がある。和歌の『瀬音』同様、こちらも本が出版されている。

『皇后さまの御親蚕』と『皇后さまとご養蚕』。前者が「皇后陛下古希記念」、後者が「皇后陛下傘寿記念」。十年ごとに出ているのだが、内容はさほど変わらない。『皇后さまの御親蚕』の表紙に、惹句が刷られている。

〈皇后さまが育てられた蚕が正倉院宝物をよみがえらせた〉

二冊ともそのことについて書いてあり、以下しばらくは、二冊からの受け売りだ。

皇室と養蚕のゆかりは古い。『日本書紀』に雄略天皇の頃、天皇が皇后に桑を摘ませて養蚕を勧めようと思ったという記述がある。鎖国が解かれた江戸末期から輸出品の柱は生糸で、昭憲皇太后は一八七一年（明治四年）に養蚕を始めた。それが皇后による養蚕の始まりで、今は皇居の「紅葉山御養蚕所」で行われている。

「小石丸」という日本固有の蚕は、外来種との雑種に比べ生産性が低い。育てる養蚕家もいなくなり、紅葉山御養蚕所でも飼育中止が検討されていた。だが香淳皇后から引き継いだ美智子さまが「日本の純粋種と聞いており、繭の形が愛らしく糸が繊細でとても美しい。もうしばらく育ててみましょう」と文書でお考えを示し、継続が決まった。ちなみに形は、落花生に似ている。

正倉院には、聖武天皇と光明皇后ゆかりの宝物が多数収められている。その復元事業が一九七〇年代に始まり、一九九四年（平成六年）から絹織物が復元されることになった。小石丸の糸が「古代の糸に近い糸」だとわかったが、見つからない。そんなとき、「皇居で皇后さまがお育てになっている」という情報を知った正倉院事務所から、小石丸の下賜願いが出される。役立つことをうれしく思った美智子さまが御養蚕所主任と相談の上、増産を決めた。

必要な糸が確保され、聖武天皇の袈裟や肘掛けの錦などが見事に復元され、国内で展覧会も開かれた。二〇一四年（平成二十六年）にはパリで、「ＫＡＩＫＯ」（蚕—皇室のご養蚕と古代裂・日仏絹の交流）という展覧会も開かれ、小石丸で織られた悠仁親王の御初召《おうぶめし》も出展された。

正倉院の宝物復元、伊勢神宮への貢献

前出の二冊には美智子さまが作業をなさっている写真も豊富に載っているので、それについている説明文などからお取り組みを追ってみる。

まずは「御養蚕始の儀」。四月末から五月初旬に行われる。次に「桑摘み、枝の剪定」。皇居には三カ所、桑園があるそうだ。それを「給桑」する。ここからは詳述しないが、「藁蔟《わらまぶし》を編む」、「回転蔟を組み立てる」、「藁蔟に小石丸を移す上蔟《じょうぞく》」、「毛羽取り」、「初繭掻き」があり、「回転蔟からの収穫」が六月。

このほかに「蚕が桑を食べる音に聞き入っておられる皇后さま」などの写真もある。最後は「御養蚕納の儀」。

正倉院の宝物と復元された錦の数々に加え、二〇一三年（平成二十五年）に行われた伊勢神宮の式年遷宮で新たに調製されたという装束と神宝の写真もある。これも小石丸が役立ったのだそうだ。美智子さまの伝統を守る取り組みが、正倉院と伊勢神宮という皇室ゆかりの地に貢献する。美しすぎる展開。

ちなみに『皇后さまの御親蚕』には二〇〇三年（平成十五年）の「皇后陛下　御養蚕所お成り記録」という一覧表が載っている。「2月5日　枝条結束　桑園（臨時）」から始まり「6月27日　御養蚕納の儀　御養蚕所（定例）」まで二十七回もあった。

そもそも美智子さまのご実家である正田家は群馬県館林市がルーツ。群馬は養蚕の盛んな土地で、戦時中、疎開で館林町立南国民学校に通った美智子さまは、蚕を飼った経験もおありだと『皇后さまとご養蚕』に書かれている。

一九九九年（平成十一年）のお誕生日にあたっては、「楽しみにしていらっしゃること」を尋ねる記者からの質問に、「約二か月にわたる紅葉山での養蚕も、私の生活の中で大切な部分を占めています」とお答えになっている。

だが、美智子さまの娘世代にとってみれば、蚕は遠い存在だろう。

個人的な話で恐縮だが、小学校二年生のとき、学校で蚕を育てた。東京から越した、神奈川県の市立小学校での体験だ。最初で最後の体験だった。蚕がどんどん大きくなり、少しこわかった記憶がある。

私より二つ年下で海外と東京でしか暮らしたことのない雅子さまは、蚕を見たことなどなかったのではないだろうか。もしかすると二〇一八年（平成三十年）五月十三日が、生まれて初めて蚕を見た日かもしれない。

その日、雅子さまはご一家そろって紅葉山御養蚕所に行かれた。雅子さまが御養蚕所に行ったのは、この日が初めてだったそうだ。翌年五月の新天皇即位に伴い、養蚕は雅子さまに引き継がれることになったから、陛下の立ち会いのもと、美智子さまから作業の説明を受けたという。

雅子さまは紅葉山で蚕を見て、どう思われただろう。動物好きで幼い頃は獣医になりたかったという雅子さまだから、親しみを感じられただろうか。

美智子さまは病気療養中の雅子さまを思い、「過度な精神的負担とならないよう、可能な範囲でなされればよろしいのでは」という考えだと報じられていた。

雅子さまと養蚕について心配なのは、美智子さまも国民も同じだと思う。

第3章

後に続くお二人

1　雅子さまと紀子さまが属する世代

後に続く恍惚と苦悩

ここまで皇后美智子さまについて書いてきた。記者、編集者として皇室をウォッチしてきた立場から、美智子さまは戦後の皇室が得た奇跡だと思う。類まれな才能と努力で国民の支持を得て、陛下との二人三脚を貫く。奇跡としか言えない軌跡を、さまざまな角度から書いてきた。

ここからは、その次の世代について書く。後に続く恍惚と苦悩。と、書きたいところだが、苦悩多めというのが実情だと思う。

前項で書いた和歌もそうだ。雅子さまは愛子さまご誕生直後、二〇〇二年（平成十四年）の歌会始でこう詠まれた。

生《あ》れいでしみどり児のいのちかがやきて君と迎ふる春すがすがし

以来、二〇〇九年（平成二十一年）の「制服のあかきネクタイ胸にとめ一年生に吾子はなりたり」まで八回続けて「愛子さま」を詠まれた。雅子さまにとって、愛子さまがどれほど大きい存在かということがよくわかる。だが一方で「身内の歌ばかりで、物足りない」という見方もあった。病を得た雅子さまへの厳しい視線。

美智子さまの御歌が基準になってしまうのだ。苦悩多めにならざるをえない。

男女雇用機会均等法の第一世代

後に続くお二人について考えるにあたり、まず、世代のことから書き始める。

何回か書いたが、私は美智子さまの娘世代である。皇太子さまのちょうど一年後の一九六一年（昭和三十六年）に生まれた。つまり皇太子さま世代だ。

雅子さまは一九六三年（昭和三十八年）生まれだから、私は二歳上なのだが、学年でいうと三年上になる。ややこしくて恐縮だが、私は皇太子さまと同じ早生まれなので、そういう計算になる。

二歳にしろ三学年にしろ、さほど離れていない。雅子さま世代でもある。と言いたいところだが、微妙に違うと感じている。私の学年にはなく、雅子さまの学年にはある。その存在の有無で世代が分かれる。そう感じているものがあるのだ。

男女雇用機会均等法（均等法）である。

事業主に「募集と採用について男女で差別をしてはいけない」と求めるもので、一九八六年

(昭和六十一年)四月一日に施行された。罰則規定はないなどいろいろ問題はあったが、とにかくできた。

私は一九八三年(昭和五十八年)三月に大学を卒業し、新聞社に記者として職を得た。が、雇用機会は全く均等でなく、それが当たり前だった。

国立大学の経済学部生として「就職室」に行くと、壁中に有名な会社の求人票が貼られていたが、ほぼ全部に「男子若干名」とあった。そんなものだった。

が、均等法ができて、こういう募集の仕方はアウトになった。そこで企業サイドが考えたのが、「総合職」と「一般職」という二つのコースだった。前者が昇進昇格も男性と均等、転勤ありで男性並みコース、後者が補助的仕事、転勤なしで事実上の女性専用コースだった。

このようになったのが、私の三学年下、つまり雅子さまの学年から。均等法施行から三十年以上たった今、一九八六年(昭和六十一年)から九〇年(平成二年)の五年間に「総合職」として入社した女性を「均等法第一世代」と表現することが多い。

入社四年目に均等法が施行された「均等法以前入社」の私にとって、均等法の「成果」を実感したのは女子トイレだった。新聞社に記者職同期は百人近くいたが女性は六人だけ、先輩女性はもっと少なく、いつもすいていたトイレが急に混み合った。

そして均等法施行後に入社してきた女性たちと一緒に仕事をするようになると、考え方の違いを実感した。彼女らは所属する組織への期待値が、ぐっと高かった。

私は「会社に入れただけでもありがたい」と、どこかで思っていた。悲しき刷り込みではあるが、それが染み込んでいた。あるとき、何気なく異動希望部署を口にしたら「そこは花形部署だから女性は無理」と言われたが、まあそんなものかもしれないと、反論しなかった。

ところが社内外にいる「均等法第一世代」の後輩女性たちは、「まあそんなものかもしれない」と思う人たちではなかった。

「そんなものだろう」ではなく「約束と違う」

やっとここから本題に入るのだが、雅子さまが「均等法第一世代」だったことが、皇室入りしてからの雅子さまのいろいろなことに影響していると思う。

東京大学を中退された雅子さまが外務省に入省したのは、一九八七年（昭和六十二年）四月。外交官試験に合格した「総合職組」だ。しかもハーバード大→東大→外務省という抜群の経歴。ご成婚が決まった頃から「究極のキャリアウーマン」「エリート中のエリート」と書かれ、大変な美人でもあった。度外れた才色兼備の女性が「皇室に嫁ぐ」という事実は、総合職女性に少なからぬ影響を与えた。

一九八八年（昭和六十三年）に「ＡＥＲＡ《アエラ》」という週刊誌が創刊された。また自分の話で恐縮だが創刊時、編集部に配属された。三年ほどで離れたが、それからしばらくして「アエラ」の部数がどんどん伸びた。均等法第一世代の女性に関する記事を増やした結果だった。

「均等だったのは雇用機会だけ」という壁に突き当たる人が多かった。女性を採用はしたものの、組織はほとんど変わっていなかった。依然、「男性ファースト」の世界だった。均等法第一世代はそういう現実を、「そんなものだろう」とは思わなかった。「約束と違う」ととらえた。だって、「均等」を約束されて入ったのだ。

「アエラ」は「約束と違う」さまざまな現実を切り取った。それでも組織にとどまり努力を続ける女性たちを書き、見切りをつけて留学、転職、結婚など別な道を選ぶ女性たちも書いた。組織に残る、去る。どちらにしても、悩みながら歩む姿を毎週のように報じた。編集部に均等法第一世代女性が増えたことが、大きかった。同世代が同世代に向けて書き、部数が増えた。だから「アエラ」は、ずっと雅子さまの味方だった。

雅子さまの皇室入りは「転職」

均等法女子たちは、雅子さまの皇室入りを「嫁入り」でなく「転職」と見ていたと思う。新しい職場で、究極のキャリアウーマンがどのように力を発揮してくれるのか。そう注目していた。

それなのに、どうも活躍する姿が見えてこない。「雅子妃の肉声が消えた」という記事が「アエラ」に掲載されたのは、ご結婚から三年後の一九九六年（平成八年）六月だった。雅子さまがもっとオープンに語れるよう、宮内庁が変わるべきだという識者のコメントを載せている。

雅子さま自身、「嫁ぐ」意識より「転職」意識が強かったのではないだろうか。

そのことは一九九三年（平成五年）一月、皇室会議で結婚が決まった後の記者会見からもうかがえる。外交官の職を捨てることに悔いはないかという質問に、小和田雅子さんはこう答えている。

「いろいろと考えた結果、今私の果たすべき役割というのは殿下のお申し出をお受けして、皇室という新しい道で自分を役立てることなのではないか、と考えましたので、決心したわけですから、今は悔いというものはございません」

新しい場所で力を発揮する。その意気込みが伝わってくる。

その三十四年前、婚約後の正田美智子さんは、皇室に入ることについてこう言葉にしている（宮内記者会のアンケートへの文書回答）。

「よい家庭がつくれて、それが殿下のご責任とご義務をお果しになるときのなにかのお心の支えになり、間接的な、ちいさなお手伝いとしてお役に立てばと心から望み努力をしたいと思っております」

この二つの言葉は、のちに何度か「アエラ」が対比することになるのだが、平成が終わろうとしている今になって改めて読んでみると、なおさら複雑な気持ちにさせられる。

「間接的な、ちいさなお手伝い」をしようとして、「直接的な、おおきな成果」を残した美智子さま。「皇室という新しい道で自分を役立てること」がどうにもうまくいかず、長く療養生活を送っている雅子さま。何が、お二人を分けたのだろうか。

「お世継ぎファースト」の現実

一九九三年（平成五年）に皇后陛下の主治医になり、皇室医務主管という「皇室のホームドクター」を二〇一二年（平成二十四年）まで務めた金澤一郎さんは、医務主管退官直後に雅子さまの「適応障害」についてこう語っている。

〈ご成婚前に、いわゆる「皇室外交」もできるからと説得をお受けになったようですね。ただ、皇室に入られてから、想像されていたことと違うことがさまざまおありだったと思うのです。皇室では、外国の王室も同様ですが、まずは「お世継ぎ」を期待されます。しかし、初めの六年半はお子さまに恵まれなかった。〉

（「文藝春秋」二〇一二年八月号「前皇室医務主管独占インタビュー」）

均等法第一世代は「約束と違う」世代だ。

均等ですよ、と言われて入社し、「男性ファースト」の会社組織に「約束と違う」と苦しんだ彼女たち。雅子さまは皇室外交できますよ、と言われて皇室入りし、「お世継ぎファースト」の皇室に「約束と違う」と苦しまれたことだろう。

ここは皇室なのだ、「お世継ぎ」をクリアしなくてどうする。そう考える人の気持ちもよくわかる。「職場の事情」を優先して考えがちな均等法以前世代の私だから。だが一方で、同じ働く女性としては、出産だけが期待される人生はしんどいだろうと思う。

まして雅子さまは転職を決めたとき、「お世継ぎファースト」と聞いていたかどうか。転職を勧める側は、厳しい話より楽しい話をしがちだろう。

さらに思うのは、「お世継ぎファースト」さえクリアしていれば、雅子さまはオールハッピーになっただろうかということだ。「アエラ」を読んでいると、それほど単純ではない構図が浮かんでくる。

懐妊への複雑な眼差し

「雅子さま、ご懐妊の兆候」と報道されたのは一九九九年（平成十一年）十二月、三十六歳のお誕生日の翌日だった。

結果的に流産されてしまうのだが、「アエラ」は兆候が報じられた直後に「雅子さま懐妊への眼差し」というタイトルの記事を掲載している（十二月二十日号）。

単純に懐妊を喜ぶものとは、完全に一線を画す記事だった。最初に紹介するのは、ご成婚四カ月後に「雅子さま『ふくよかなお顔』はご懐妊ですか」という記事を載せたある週刊誌の話。それ以来ずっと「ローヒールの靴」を履いたり「ゆったりした長めのワンピース」を着たり「髪を短く」したりするたびに「ご懐妊!?」と書かれたと結婚六年余りを振り返った。

三年目からはその論調が「不妊治療の勧め」にまでエスカレートしたと書き、雅子さまは「セクハラ」と言ってもいいような視線にさらされ続けてきたと指摘している。もちろん強い調子ではないし、美智子さま世代に属する人たちの喜びのコメントも載せてはいる。だが、力を入れたのは雅子さまと同世代の一般女性の声を集めることで、キーワードを「違和感」とまとめている。

声の主は、全員仕事を持っている。彼女らはたとえばこのように言う。

「皇室に足を踏み入れた瞬間、世継ぎを産むことだけを期待されるようになった」

「やっぱり、そのため（世継ぎ出産のため）の人なんだなあ」

「職場」としての皇室は、「エリート中のエリート」である雅子さまという女性に、出産という仕事しか期待していない。同世代女性は「お世継ぎファースト」そのものへ違和感をもっていた。

この記事から四年後の二〇〇三年（平成十五年）十二月、雅子さまは公務を休まれ、長い療養生活に入られる。

その二年前に敬宮愛子さまが生まれ、「生まれてきてくれてありがとうという気持ちでいっぱいになりました」と語り涙ぐまれた。その八カ月後にニュージーランド・オーストラリアを訪問、帰国後の記者会見で「外国に参りますことが、（略）私の生活の一部となっておりましたことから、六年間の間、外国訪問をすることがなかなか難しいという状況は、正直申しまして私自身その状況に適応することになかなか大きな努力が要ったということがございます」と心情を吐露した。が、それを最後に、雅子さまの肉声はほとんど聞こえなくなった。

「民間初の皇太子妃」の美智子さまは、同世代女性のあこがれだった。「お世継ぎファースト」は結婚早々にクリアしたのに、どんどんやせていった。同世代女性はその姿に「嫁いびり」という言葉を思い浮かべ、いっそう思い入れを強めた。「嫁同士」だからだ。

雅子さまへのあこがれは、「キャリアウーマン」が決め手だった。ご成婚直後に就職情報調査会社「文化放送ブレーン」が就活中の女子大生約七千五百人に「魅力ある働く女性」を尋ねたところ、一位に輝いたのは雅子さまだった。

なのに皇室内での活躍が見えず、二〇〇三年（平成十五年）十二月から公務を休んでしまう。その五カ月後に「アエラ」が掲載したのは「他人事ではない私たち　雅子さま異例のご静養の陰で」という記事（二〇〇四年五月三日号）だった。

「ダイアナ妃が『愛』を求めて苦しんだのに対し、雅子さまはもっと『自分らしく生きること』を求めているのではないか」

そんな同世代女性の声を紹介している。

皇室外交という「約束」を反古にされた雅子さま。出産という問題だけではない。自分らしさを見失って苦しんでいる。雅子さまへの彼女らの視線は、今にして思えばやはり鋭かったのではないだろうか。記事中、記者はこんな認識を示している。

〈かつては、ほんの一握りの自立している女性だけが選択の自由を手にできた。雅子さま世代にとって、それはもはや特権ではなく、望んで少し努力すれば手に入るものだ。いったん知れば忘れることはできない。失うストレスはとても大きい。〉

その上で、雅子さまの感じている窮屈さはその心に「ボディーブローのようにきいてくるのでは」、という社会評論家の芹沢俊介さんの言葉を紹介した。

適応しようとすると心を病んでしまう場所

この記事が載った「アエラ」の発売直後、雅子さまの心が傷ついていることを明らかにしたのは、夫である皇太子さまだった。

「雅子にはこの十年、自分を一生懸命、皇室の環境に適応させようと思いつつ努力してきましたが、私が見るところ、そのことで疲れ切ってしまっているように見えます。それまでの雅子のキャリアや、そのことに基づいた雅子の人格を否定するような動きがあったことも事実です」

二〇〇四年（平成十六年）五月、ヨーロッパ訪問にあたっての記者会見で突然、そのように発言されたのだ。具体的にはどのような動きなのかという質問が当然され、皇太子さまはこう答えた。

「細かいことはちょっと控えたいと思うんですけれど、外国訪問もできなかったということなども含めてですね、そのことで雅子もそうですけれど、私もとても悩んだということ、そのことを一言お伝えしようと思います」

その二カ月後に、雅子さまの病名が「適応障害」と発表された。

皇室に「適応」しようとし、雅子さまは心の病を得てしまった。逆に表現するなら、皇室は「適応」しようとすると、心を病んでしまうような場所だということになる。まさかそれほどまでとは思っていなかった。

当時、多くの国民が感じたショックは、そんなふうだったと記憶している。

秋篠宮妃紀子さまの存在が気づきを遅らせたのだと思う。

紀子さまは一九八九年（平成元年）に学習院大学を卒業されているから、世代でいうなら「均等法第一世代」である。卒業後には大学院に進まれ、その年の九月に開かれた皇室会議で礼宮さま（当時）との婚約が決定した。

結婚の翌年には眞子さまが、その三年後には佳子さまが生まれた。お二人がすくすくと育つ様子が、折々に報じられていた。

「すくすく」という表現は、子どもの成長を表すときに使われることが多い。だが改めて『広辞苑』を引いてみると、「勢いよく成長するさま」より前に、「とどこおりなく進むさま」とある。

紀子さまが「すくすく」していたので、雅子さまが「すくすく」できていないことに気づくのが遅れた。国民もそうだし、宮内庁の中の人々もそうだった。そんなふうな話を、次から書くこととする。

2　紀子さまが遅らせた気づき

のびのび振る舞える嫁と孫

第2章5で取り上げた『皇后さまとご養蚕』に、「眞子様へのお手紙」という章がある。蚕の歴史や飼育法、生糸や文化財のことなど、硬い説明が多い本の中にあって、この章は唯一と言っていいくらい、温かな楽しいページになっている。

眞子さまが学習院初等科三年生のときに「お年寄りの世代が行なっていた手仕事について調べる」という社会科の宿題が出され、「ご養蚕のお仕事についてうかがわせていただけるでしょうか」と美智子さまにお尋ねになった。それへのお答えの手紙だという。

「皇后様と秋篠宮家の御許可を得てご紹介する」とあって、全文が掲載されている。

「眞子ちゃん」という呼びかけが一行目にあり、最後は「ごきげんよう　ばあば」とあって「眞子様」で終わる。きちんとしながらも語りかける調子で、子どもにはわかりやすく、うれしいだろうと思う。

本文は、このように始まる。

〈眞子ちゃんは、ばあばがお蚕《かいこ》さんの仕事をする時、よくいっしょに紅葉山《もみじやま》のご養蚕所《ようさんじょ》にいきましたね。今はばあばが養蚕《ようさん》のお仕事をしていますが、このお仕事は、眞子ちゃんのおじじ様のひいおばば様の昭憲皇太后《しょうけんこうたいごう》様、おばば様の貞明皇后《ていめいこうごう》様、そしてお母様でいらっしゃる香淳皇后《こうじゅんこうごう》様と、明治《めいじ》、大正《たいしょう》、昭和《しょうわ》という三つの時代をとおってばあばにつたえられたお仕事です。〉

美智子さまが「ばあば」と名乗り、陛下のことは「おじじ様」と書いている。すると眞子さまは美智子さまを「ばあば」と呼ぶのだろうか、それとも「おばば様」なのだろうか。そんな楽しい興味もかきたてられる。

そして孫との接点を見つけては、蚕のことを説明していく。

〈きょねんとおととしは、眞子ちゃんも自分で飼ったので、蚕《かいこ》が何日かごとに皮をぬいだり、眠ったりしながらだんだん大きくなり、四日目くらいの眠りのあと、口から糸を出して、自分の体のまわりにまゆを作っていくところを見たでしょう。〉

〈さくねんは、ひいおばば様のお喪中《もちゅう》で、蚕《かいこ》さんのお仕事がいっしょに出来ませんでしたが、おととし眞子ちゃんは、このまゆかきの仕事をずいぶん長い時間てつだって下さり、ばあばは眞子ちゃんはたいそうはたらき者だと思いました。（中略）また、今年もできましたらお母様と佳子ちゃんとおてつだいにいらして下さい。〉

完璧な手紙だと感じ入る。養蚕の仕事は、代々の皇后から引き継がれたものであることを最初に説明し、香淳皇后の喪中など宮中のしきたりもさりげなく入れながら、全体では養蚕のことが一層わかるようになり、それを楽しむ孫をほめて、さらに好きになるようにもっていっている。

そして、ふと思う。こんな完璧な手紙をくれる姑をもつ、お嫁さんの立場は大変だろうなあ、と。と、同時に、こうも思う。紀子さまという方は、それをあまり大変と感じていないのかもしれないな、と。

なぜそんなことを思うかというと、この手紙を読むたびに、小学生の眞子さまののびのびとした姿が浮かんでくるのだ。「皇室」という広い家の中に自分の家があり、祖父母がいて、祖母は紅葉山の養蚕所で蚕を飼っている。祖母が紅葉山に行くときについていき、一生懸命お手伝いをする。「お年寄りの世代の手仕事」についての宿題が出たときに、「そうだ、蚕のことを聞こう」と思う。

身近な家庭で考えてみよう。姑を敬遠する、煙たがる、嫌う。程度はさておき、ネガティブな感情をもつ嫁がいるとする。その嫁の娘が、祖母になついたりするだろうか。母が嫌う相手を娘はあまり好きにならないし、母が好きな相手なら娘はたいてい好きになる。家族間の感情はさまざまかつ複雑だということは承知しているが、まあ、そういうものだと思う。

皇居で眞子さまがのびのびと振る舞えるのは、紀子さまがのびのびと振る舞えているからではないだろうか。「眞子様へのお手紙」を読むたび、そんなことを思うのだ。

「できる嫁」と比べられる負い目

「アエラ」は二〇一二年二月十三日号で「雅子さまを諦めきれない」という記事を掲載した。雅子さまが愛子さまの山中湖への校外学習に付き添われ、批判が高まっている頃だった。

その記事中「アエラ」は、雅子さまの前に立ちはだかる壁として「出産の重圧、子育ての悩み、体調不良」などをあげたのち、こう書いた。

〈美智子さまや紀子さまのような「できる嫁」と比べられる負い目もある。〉

要は「皇室」を我が家ととらえられるかどうかなのでは、という気がしてくる。

美智子さまは「嫁いびり」と言われるようなことがあっても、最終的には我が家とした。代々嫁いだ者が担当する「養蚕」は幼い頃から親しんでいて愛でることができたし、しばしば詠まねばならない「和歌」もお妃教育のときから精進し『新・百人一首』に選ばれるほどの腕前になった。類まれな才能と努力が武器だった。

紀子さまは、最初から楽しそうに見えた。楽しそうに見えること自体が「できる嫁」であり、それが「皇室の危機」という事態への気づきを遅らせたのだと思う。

皇室を我が家とする感性が養われていた紀子さま

紀子さまは一九六六年（昭和四十一年）生まれで、学習院大学を卒業したのは一九八九年（平成元年）。前項でも書いたが、均等法第一世代である。とはいえ就職はせず、大学院に進学、その年の九月に皇室会議が開かれ、大学の一学年先輩である礼宮さま（当時）との婚約が決まった。

昭和天皇の喪中で、兄である皇太子さまの結婚がまだで、礼宮さまは英国留学中だったので、「長幼の序を重んじる皇室では、極めて珍しい」と評されていた。こちらは長幼の序がピンと来ない世代だから、「それほど好きなら、けっこうなこと」と思うばかりだった。

皇室会議後の記者会見に礼宮さまと登場した紀子さんは、アーモンド形の目にキュッと上がった口角で、とても可愛らしかった。前髪をリボンで留め、首にはパールのネックレス。記者の質問に答える口調は、すごくゆっくりしていた。「オヤジギャル」という言葉がはやるバブル景気のまっただ中にあってその初々しさは際立ち、「皇室に嫁ぐべくして嫁ぐ人」に見えた。「紀子さんは礼宮さまが初恋の人ですか」という質問が出ると、礼宮さまの方を向いて「申し上げてよろしゅうございますか」と尋ねてから、「そうでございます」と答えていた。

幸せそうで、結婚を心から喜んでいることが伝わってきた。

美智子さまは「夫ファースト」「温かい家庭の主婦」を基本に、「妃」として活躍してきた。

その像を担える人に見えたし、時代にふさわしい新しいストーリーも加わっていた。だからこそ、安心、安全感に包まれたのは、メディアも国民も同様だったと思う。

紀子さんに冠せられたのが「3LDKのプリンセス」だった。

父・川嶋辰彦さんは学習院大学教授であり、学習院第五共同住宅四階に居を構えていた。その間取りが3LDKで、日本中がお金にまみれている頃だったから、それが川嶋家、そして紀子さんの清らかさの象徴となり、「究極のお嬢さま」と報じられることになった。

紀子さんは辰彦さんの仕事の関係で、アメリカとオーストリアで育った「帰国子女」だ。だから「英語が堪能なので、お妃教育では省略」という報道はあったが、「グローバル」といった文脈ではあまり語られなかった気がする。

思えば「グローバル」というのはバブルがはじけ、日本の経済が弱ってから盛んに言われ出した言葉だった。紀子さんの影響で「パールがブームになった」と言われたあの頃は、まだ景気がよく日本ゴーゴーな気分だったのだ。

手話サークルに入っていたという紀子さんが、手話を使う映像もしばしばテレビで流れた。福祉分野にも関心が高い、皇室という場所が似合う人。誰もがそう思ったはずだ。

紀子さまが嫁いで、三十年近くたつ。昨今の言葉でいうなら、紀子さまは皇室と「同じクラスタ(属性)」の人なのだと思う。それには、学習院の果たした役割が大きい。十三歳で帰国し、学習院女子中等科に編入して以来、紀子さまはずっと学習院。高校までは男女別々だが一九八五年（昭和六十年）に学習院大学文学部に入学し、そこですぐ礼宮さまと出会っている。

美智子さまは学習院でなく、聖心女子大だった。それが「民間初の皇太子妃」にふさわしく感じられたのは、当時はまだ「旧皇族、旧華族」にリアリティーがあったからだろう。初等科から大学まで学習院に通った橋本明さんが旧皇族、旧華族の世界を「旧世界」、と著書で表現していたことはすでに書いた。美智子さまは家も大学も、「新世界」の人だった。

だが、紀子さまが皇室に嫁いだのは、平成である。「旧世界」を体現する香淳皇后でなく、「新世界」の美智子皇后の時代だ。だから紀子さまにとって学習院は、「旧世界」という表現に象徴されるような〝身分〟を意識させる場ではなく、皇室への親和性を高める場だったと考えた方がよいだろう。だから紀子さまは、キャンパスで出会った礼宮さまを「初恋の人」と素直に思うことができた。

同じクラスタだけが集まる学校は、たくましい子を育てないなどとも言われるが、紀子さまは浩宮さま、礼宮さま、紀宮さまが通った学習院というところで学ぶ過程で、皇室を我が家とする感性を養ったのだと思う。

順応性が高いか、言いなりか

紀子さまはよく「美智子さまをお手本にしようとしている」と書かれる。「皇室への順応性が高い」という文脈、「皇室（宮内庁）の言いなりなのでは」という文脈。どちらの文脈でもそう書かれる。二〇〇六年（平成十八年）に悠仁さまが生まれて以降、ますます増えたと思う。

その三年前に、湯浅利夫宮内庁長官（当時）が「秋篠宮家に第三子を望みたい」と発言していた。それから二年余りが過ぎ、秋篠宮さまと紀子さまがそろって「コウノトリ」の歌を詠まれた。

人々が笑みを湛へて見送りしこふのとり今空に羽ばたく（秋篠宮さま）
飛びたちて大空にまふこふのとり仰ぎてをれば笑み栄えくる（紀子さま）

この歌を歌会始で披露し、その一カ月後に「第三子ご懐妊」が発表され、悠仁さまが生まれた。皇室で四十一年ぶりに生まれた男子だったから、「実行力があって頼もしい」と秋篠宮さまの評価は一層上がった。紀子さまの評価も上がって当然なのだが、出産前に「宮内庁の言いなりでは」「男子が生まれたら雅子さまが傷つく」といった声が報道されたこともあった。その報道に紀子さまは傷つかれたという報道もあった。

雅子さまと紀子さま、どちらに惹かれるか

悠仁さま誕生から三年後の二〇〇九年（平成二十一年）。天皇皇后ご結婚五十年を機に、「女が考える平成の皇室」という特集を組んだのは「婦人公論」八月二十二日号だった。

中でも力を入れたのが読者アンケートで、「あなたは雅子さまと紀子さま、どちらに惹かれますか？」とズバリ、問いかけている。

千十二人から回答があり、平均年齢は五九・〇歳、結婚年数は平均で三三・〇年。このアンケートが掲載されたとき雅子さまは四十五歳、紀子さまは四十二歳だから、お二人より十五歳から二十歳くらい上の世代になる。

全体では、「雅子さま」と答えた人が五四・六％、「紀子さま」と答えた人が三三・四％、残りは「その他」だった。

半数以上が雅子さまに惹かれるという答えだったが、年齢別に見てみると、若い人ほど雅子さまの割合が高く、年齢が上がるにつれ紀子さまの割合が上がっている。

四十代読者の支持は雅子さまが五八・四％、紀子さまが三一・八％。七十代になると雅子さまが四七・二％、紀子さまが三五・二％。

回答者のコメントがたくさん紹介されている。雅子さま派十二人、紀子さま派十一人、その

他派も八人。合計三十一人がしっかりと「持論」を展開している。

雅子さま派のコメントをいくつか抜粋すると、「痛みや苦労をたくさん経験した人ほど強くしなやかになれるという」（43歳・会社員）、「個の人格と公の立場との間でのさまざまな心の行き違いに悩みつつ努力なさっている姿に人間味を感じております」（68歳・主婦）と病を得た雅子さまを思いやり、惹かれている人が多かった。

紀子さま派のうち四人は、美智子さまとの類似点をあげていた。「皇后さまと性格が似ていらっしゃると思います。ものの見方、常に相手を立てておられるところなど」（67歳・主婦）、「私的なことよりも公務を優先することなど美智子皇后を見習い、またその笑顔とともに若き日の美智子さまを見ているようです」（71歳・主婦）。

「三人の母」だから惹かれるという人も五人いた。「3人のお子様を持ちながら、生活と公務を両立しておられる。同じ女性として勇気付けられる」（45歳・パート）、「惹かれるというよりも、親近感を持つ。子どもの構成が同じなので。女性というより母の目で子どもに接している姿も、自分と重なる」（49歳・パート）、「39歳であえて第3子の出産に挑戦した勇気にエールを送りたい」（58歳・自営業）。

少子化で、子どものいない夫婦も珍しくない時代だ。だからこそ「母であること」に価値を見出す人がいて、母としての紀子さまに自分を重ねる人がいる。もちろん「母」になることだけが、女のすべてではないことはわかっているけれど……。読者コメントを読むと、女性たちのそんな認識が見えてくる。

「雅子さまは頭のよいかただと思い、紀子さまは利口なかただと思う。私たちの年代だと紀子さまに惹かれる人が多いことでしょう」。そうコメントを書いているのは、「91歳・主婦」だった。

このアンケートでは「愛子さまと悠仁さま、天皇になっていただきたいのは」という大胆な質問も投げかけている。

「愛子さま」と答えた人が四四・六％、「悠仁さま」と答えた人が四二・三％。「その他」が一三・一％。愛子さまに天皇になってほしい人の方が多い、という結果だった。

三十代では「愛子さま」と答える人が六割を超えているが、六十代でもほぼ半数が「愛子さま」。悠仁さまが三歳になる直前のアンケートで、まだ小泉政権時代の「女性・女系天皇論議」が記憶に残っていたからかもしれない。

とはいえ女性たちの認識が、年代を超えてどんどん「従来型」「前例踏襲」でなくなっていて、その思考の対象は皇室にまで及んでいる。こういった女性の変化を、宮内庁はつかんでいただろうか。

雅子さまが嫁いでくる前に、皇室クラスタの紀子さまがいた。だから、次に嫁いでくる女性も同じクラスタだと油断した。そんな気がしてならない。

「皇位継承順位第一位」の妻、「第二位」の母

二〇一八年（平成三十年）十月、紀子さまは単身、オランダに行かれた。ハーグで開かれた「肺の健康世界会議」に出席するためで、そこで紀子さまは国際結核肺疾患予防連合の「名誉会員」の称号を授与された。公益財団法人結核予防会の総裁である紀子さまの、結核撲滅に向けた貢献や研究実績が認められたもので、王族や皇族への授与は初めてという。

結核予防会の総裁は一九九四年（平成六年）に秩父宮妃勢津子さまから引き継いだ公務なのだが、紀子さまは以来「冒頭の挨拶」だけでなく、研究もされた。

「結核予防婦人会」の毎年の講習に参加、二〇一〇年（平成二十二年）からは婦人会の講習会参加者や女子大学生ら計約千人を対象に結核予防に関する意識調査を実施、論文にまとめた。この論文で紀子さまは二〇一三年（平成二十五年）、お茶の水女子大学から博士号（人文科学）を得ている。

この熱心さなど「美智子さまをお手本としている」からこそ、となるかもしれない。だが、紀子さまも「仕事」がお好きなのではないかなあ、と思う。

紀子さまは、動物の絵本『ちきゅうのなかまたち』を翻訳されている。二〇〇七年（平成十

九年）に出版されて以来、五冊のシリーズになっている。

美智子さまは「ぞうさん」などで知られる詩人・まどみちおの詩を英訳、対訳形式で絵本『どうぶつたち THE ANIMALS』などを出版されているから、これも「美智子さまをお手本」の典型としてよく話題になる。だがこの絵本、紀子さまのアイデアで、原本にない地域の説明を入れたり、カバーの色を日本の伝統色にしたりしたそうだ。

絵本の翻訳は私的なものだが、引き受けた以上「仕事」だし、結核予防会の総裁は妃殿下という立場としての「仕事」だ。ご結婚以来、紀子さまが単独で海外を訪れたのは、オランダ行きが初めてだった。仕事が認められたのだから、それは一人でも出かけよう。

紀子さまだって、時代の中にいる。責任をもって何かを果たすことは、女性にはもう当たり前だ。

二〇一七年（平成二十九年）、天皇陛下の生前退位、皇太子さまへの代替わりが決まり、秋篠宮さまが皇位継承順位第一位、悠仁さまが第二位となった。

小学生最後の夏休みとなった二〇一八年（平成三十年）に悠仁さまが取り組まれたのは、戦争を知ることだった。

七月三十日はご両親と戦傷病者史料館「しょうけい館」に行き、八月八日には沖縄戦を考える集いに参加した。十日には初めて広島市を訪問、原爆死没者慰霊碑や広島平和記念資料館に行き、被爆した女性から直接体験を聞いた。紀子さまだけが付き添われた。

戦争を忘れないということは、天皇陛下と美智子さまの生きる姿勢だと思う。それを悠仁さまに伝える役割を、紀子さまは秋篠宮さまとともに、確かに引き受けている。

だが、代替わりが決まって以降、「紀子さまバッシング」のような報道が後を絶たない。雅子さまが皇后になる。紀子さまは、「皇位継承順位第一位」の妻であり、「第二位」の母である。この構図に注目してのバッシングだ。

「皇室」という家の不自由さを、紀子さまも背負っている。

3　雅子さまが開けたパンドラの箱

思う通りに成果を出してきた人の挫折感

「美智子さまはマリア・テレジア学校の優等生」と書いた。フランス王太子妃になった末娘のマリー・アントワネットに手紙を送り、帝王学を授け続けたテレジア。煎じ詰めればその教えは「特別なことはしてでも求めてもいけない。あなたはあなたでいるだけで気高い存在なのだから」であり、美智子さまはそれを体現してきた、と。

一方で美智子さまを「類まれな才能をもつ、努力の人」ととらえ、その様を書いてもきた。マリア・テレジア学校の教えは、特別なことは「しない」。一方で、努力を「する」。この相反するベクトルを美智子さまは両輪とし、皇室は国民の支持を得た。それが美智子さまという奇跡だ。

雅子さまは、その両輪をうまく回せなかった。というよりも、その両輪に納得できなかった。そんな気がする。

なぜなら、働く女性にとって「しない」はすなわち「停滞」だ。

皇室は職場ではないという指摘もあろう。だが、雅子さまは「新しい道で自分を役立てる」

と言って皇室に入った。雅子さまの言葉は、そもそもが職場発想的だ。

それなのに、新しい職場で雅子さまに求められた「成果」は、男子出産だった。

美智子さまが結婚一年で長男を出産し、紀子さまも結婚一年で長女を出産した。宮内庁関係者は、雅子さまもきっとそうなると無邪気に信じていたのではないだろうか。

雅子さまと出産のことは、この章の1でも書いた。「男子出産」だけが「成果」というのは、雅子さまが期待した「職場」のありようとは違ったはずだ、と。だが、当たり前だが、雅子さまがそのことで、大変な悩みと苦しみを抱えてきたことは間違いない。

愛子さまご出産後の記者会見で、雅子さまは「生まれてきてくれてありがとうという気持ちでいっぱいになりました」と涙ぐんだ。その直後に「アエラ」は「涙ぐみ会見に涙した私」という記事を掲載した（二〇〇二年四月十五日号）。

雅子さまと同じ三十八歳のトモミさんという、仮名の会社員女性が登場した。二度の流産を経て、結婚六年目に長男を出産したといい、「自分の思う通り生きてきたのに、子供がなかなかできないのはすごい挫折感でした」と語っていた。

結婚前の雅子さまは、勉強でも仕事でも思う通りに成果を出してきた人だ。とすればやはりトモミさんのように、大変な挫折感を抱えていたと考えるのが自然だろう。

その上に雅子さまの出産は、国家プロジェクトでもある。するとどうなるか。

『天皇家の財布』の著者の森暢平さんは、元毎日新聞記者。宮内庁担当時代の「最大のショック」は、東宮侍医が雅子さまの体調を説明するのに「生理がありました」などと言うことだったそうだ。担当していたのは、お二人のご結婚三年目から五年目。「ご懐妊の情報をつかむのが仕事とはいえ、人の奥さんの生理の周期を聞かされるということに違和感を覚えました。そこにはプライバシーはないわけですから」（「アエラ」二〇〇六年三月二十七日号）と明かしている。

プライバシーのない中で、「男子出産」という成果だけを最優先される環境に雅子さまは置かれた。しかも、結果が出ない。その苦しみの大きさのほどを、雅子さまを取り囲む世界は雅子さまがご病気になるまで気づかなかった。

もっと働きたかった雅子さま

雅子さまが出産という「課題」に苦しんでいたという見方に対する宮内庁内外からの反論は、いくつものメディアに報道された。

出産以外に（という言い方はしていないが）、仕事（という言い方もしておらず、「公務」と表現されるが）はいくらでもある。それを雅子さまはちっともしていないではないか、と。

確かに雅子さまは体調を崩されて以来、勤労奉仕団への「ご会釈」もめったにせず、園遊会も十年以上欠席し、宮中祭祀もほとんど欠席していた。

ある意味実に正しいそれらの指摘に「それは少し違うのだ」と応えるのは、精神科医の香山リカさんだ。一九六〇年（昭和三十五年）生まれで、働く女性を多く診てきた香山さんは著書『雅子さまと「新型うつ」』で、「雅子さまはもっと働きたかったのだ」と指摘している。自分にしかできない仕事をしたい。雅子さまはそう思うタイプの女性ではないか、と。こういう記述もある。

〈雅子さま世代の女性、とくに優秀で周囲からの期待も高い女性にとっては、結婚でも出産でもファッションでもなく、仕事こそが「自分らしさ」の実現の最大の手段である。（中略）むしろつらいのは、「そんなにがんばらなくてもよい」と言われ、自分の努力の結果とは言いがたいファッションや髪型をほめられたり、自分でなくてもできるように見える〝お手振り〟に人々が歓喜することだったのではないか。〉

現代女性は「宮中祭祀」を受け入れられるか

雅子さまの仕事に「宮中祭祀」がある。これが雅子さまを苦しめていたと見るのは、同じく精神科医の斎藤環さんだ。ある知人女性の体験を例にあげている。

旧家に嫁いだ高学歴女性で、そこの家の大がかりな法事が大変な苦痛でトラウマになり結局離婚した。その女性は、今もそのことを思い出すと体の震えが止まらないという。

「文藝春秋」の二〇〇八年四月号「引き裂かれる平成皇室」という座談会に斎藤さんは出席し、その女性を例に出してこう語っていた。

「よく意味の分からない儀式を延々とさせられるのは、ある種の女性にとってはすごく屈辱感を覚えることなんですね」

ほかの出席者から「ある種の女性とは？」と聞かれ、こう答えた。

「たとえばプライドがあって、職業的にも自立した女性は、そうした儀式に非合理なものを感じて、拒否反応を示す傾向が高いといえるでしょう」

まさに雅子さまタイプだった。

この座談会は、出席者の年齢によって雅子さまを見る目がはっきり違うことを、よく表すものだった。斎藤さんは一九六一年（昭和三十六年）生まれ。「女性がケガレとして扱われる場面」もある祭祀は、同世代の女性には納得がいかない面も多々あると思うと述べた。すると二人の出席者から質問があった。

「それは嫁ぐ前に、ある程度わかっていたことでしょう」と聞いたのは、静岡福祉大学教授の高橋紘さん。「形だけでも行なってみて内容に入るということはできないか」と聞いたのは、ノンフィクション作家の保阪正康さん。

高橋さんは一九四一年（昭和十六年）、保阪さんは一九三九年（昭和十四年）、二人とも終戦より前に生まれている。

高橋さんの質問に斎藤さんは、「分かったつもりでも、実際やってみるのとはまるで違う、ということはあると思いますね」と答えた。保阪さんからの質問を引き取ったのは、明治学院大学教授の原武史さん。一九六二年（昭和三十七年）生まれで、やはり皇太子さま雅子さま世代だ。

原さんが語ったのは、昭和天皇のことだった。母・貞明皇后に「祭祀を儀礼的にこなしている」と叱責され、「心から神を敬わねば『必ズ神罰アルベシ』」とまで言われたという。

「こうした精神的コミットメントにまで踏み込んで要求する考え方がいまも皇室にあるならば、雅子妃にとっては一層受け入れにくいものでしょう」と原さんは言った。

お妃教育に英語版『ザ・ワールド・オブ・シントー（神道聖典）』が使われたというエピソードは、「国際派の雅子さま」を強調するものとして、ご婚約当時しばしば報じられていた。だが座談会での原さんのある発言に、宮中祭祀への感覚は英語が得意か不得意かといった以前の問題だなあと実感した。こういう発言だった。

「いまでは勤労感謝の日のルーツが新嘗祭《にいなめさい》だったことを知る人のほうが稀ではないでしょうか」

えっ？　知らなかった。記者・編集者として皇室記事に多く関わってきたにもかかわらず、面目ない。だが私たち世代でそのことを知っている人は、一体どれだけいるだろう。

斎藤さんの知人女性がトラウマになったという旧家の法事は、会ったこともない夫の先祖に額《ぬか》ずくような儀式が延々続いたのだそうだ。だが、皇室の宮中祭祀は、そんなものではすまない。

「新嘗祭」一つとっても、なぜ勤労感謝の日のルーツなのか。そもそもどんな祭なのか。

元朝日新聞記者の岩井克己さんの著書『皇室の風』に「元東宮大夫が見た宮中祭祀」という文章がある。天皇陛下の皇太子時代に、東宮職のトップとして十二年間仕えた安嶋彌《やすじまひさし》さんの私家版詩集から宮中祭祀を考察するという内容だ。

新嘗祭のことも書かれているので、熟読してみた。あまりにも奥が深すぎて、要約するのも難しい。完全に白旗を掲げ、結論部分を引用する。

〈新嘗祭は単なる収穫祭という生やさしいものではなく、天皇の神格を更新する王権神話の構造を持つ。しかし核心はつまるところ安嶋の言うように「天皇の魂ふり」にすぎないともいえる。（中略）天皇の祭祀という記号体系は、先史時代の祖先からのメッセージのような面を持つ。理解しようともせず非合理な因習として嫌悪することも、また逆に無条件に絶対化する宗教的原理主義も適切ではないことを、安嶋の詩は暗に語っているかのように感じた。〉

美智子さまをデフォルトにする無理

皇室は「日本一の旧家」と称される。その旧家の長男からプロポーズされ、かくも奥が深い新嘗祭というものが伝わっていることを事前に知っていた、または学んだ上で嫁いだとして、内容は後からでもよいからとにかく形から入ってみればと言われ、「そうですね、やってみまーす」と明るい気持ちになれる女性が今どきいるだろうか。

「形だけでも」と言われたところで、この家に伝わる「祭」に参加するのは大変なことなのだ。「潔斎」といって身体を清めなくてはならないし、御垂髪《おすべらかし》にしなくてはならないし、十二単のようなものを着なくてはならない。準備だけで二時間はかかるというのだ。

そのようなものを「やってみまーす」と明るく言える女性が、今どきいる。そう思った人が宮内庁にたくさんいたのだとすれば、甘い。皇太子さま雅子さま世代とすれば、そう言いたい気持ちになる。だが、そう思ってしまった人々の気持ちもわからなくはない。

美智子さまがいたからだ。

もちろん美智子さまの姿勢は、「やってみまーす」などではない。どんな姿勢だったかは後述するが、とにかく黙々と努力を続けられた。

そんな美智子さまを「奇跡」だととらえず、皇室に嫁ぐ人のデフォルトだと誤解し、嫁いできたのだから雅子さまもできるに違いない、そう考える人々に囲まれていた。仮にそうだとしたら、それでは雅子さまはお気の毒すぎると、僭越ながら思ってしまう。

祭祀抜きの皇室はありえるか

原武史さんは「宮中祭祀というブラックボックス」と題した論考を雑誌「アリエス」二〇〇四年秋号に掲載している。

皇太子さまの「人格否定発言」があったのが同年五月。翌月、皇太子さまは文書を出され、世継ぎや外国訪問以外にも「大変な努力が必要」だったものとして、「伝統やしきたり」をあげた。これを「批判的な言及」ととらえた原さんはこう書いた。

〈背景にあるのは、宮中祭祀をめぐる皇室内部、とりわけ天皇夫妻と皇太子妃の間に横たわる温度差ではないのか。明治、大正、昭和の各天皇と比べても、現天皇ほど宮中祭祀に熱心な天皇はいなかった。〉

その論考から宮中祭祀を説明させてもらうと、①宮中三殿（賢所、皇霊殿、神殿）で執り行われ、②一九〇八年（明治四十一年）に公布された皇室祭祀令で詳細が定められ、③それが一九四七年（昭和二十二年）に廃止された後も紀元節祭（二月十一日）と明治節祭（十一月三日）以外、基本は受け継がれ、④天皇、皇后、皇太子、皇太子妃が拝礼する「大祭」。天皇、皇太子が拝礼する「小祭」。その二つがあるが例外も多々あって、⑤「新嘗祭」も大祭だが、天皇と皇太子のみが拝礼し、皇后と皇太子妃は御所で謹慎する。以上、まとめ終了。ふー。

原さんは、天皇、皇后、皇太子、皇太子妃の宮中祭祀の出席状況を独自に調べている。当時は宮内庁ホームページの天皇皇后、皇太子同妃の「日程表」に宮中祭祀は掲載されていなかったからだ。この論考に掲載された「宮中祭祀出欠表」によると、一九九九年（平成十一年）から二〇〇三年（平成十五年）の五年間で祭祀は四十あり、雅子さまの欠席または出欠不明が目立つ。こんな文章もある。

〈〇二年十二月十日に宮中三殿で行われた「皇太子皇太子妃ニュージーランド国及びオーストラリア国御訪問につき賢所皇霊殿神殿に謁するの儀」には、皇太子は出席したのに対して、皇太子妃は欠席したことが確認されている（『神社新報』〇二年十二月十六・二十三日号）。〉

ニュージーランドとオーストラリア訪問は、愛子さま誕生から一年後に実現したお二人にとっての八年ぶりの海外公務だった。出発前に「外国訪問できない状況に適応する苦労」を語った雅子さまにとっては、待望の海外公務だったに違いない。だがその前に、賢所、皇霊殿、神殿に拝謁しなくてはならないのだ。原さんはこうも書いている。

〈三殿に上るには、潔斎を必要とする。四人の拝座はそれぞれ決まっていて、拝礼の順序や仕方にも細かな決まりがある。それらを間違いなく行わなければならない皇太子妃の緊

張感は想像に難くない。〉

「文藝春秋」の「引き裂かれる平成皇室」座談会で原さんは、「天皇家には危機に対してドラスティックな解決策を見出す復元力がある」という認識を示した上で、こう語った。

「現在も、たとえば祭祀をすべてやめるような抜本的な改革をしなくては、うまくいかないのではないかという気がします」

東大教授の御厨貴さんが「そうなると、祭祀もやらない皇室とは何か、という難問がまた出てきますよ」と返して、この話題は終わった。

祭祀も自分のものにされた美智子さま

美智子さまに話を戻そう。祭祀にまつわる御歌をたくさん詠まれている。

新嘗《しんじやう》のみ祭果てて還《かへ》ります君のみ衣《ころも》夜気《やき》冷《ひ》えびえし（昭和五十四年「夜寒」）

神まつる昔の手ぶり守らむと旬祭《しゆんさい》に発《た》たす君をかしこむ（平成二年「旬祭」）

年ごとに月の在《あ》りどを確かむる歳旦祭《さいたんさい》に君を送りて（平成十九年歌会始「月」）

歳旦祭は、元旦の午前四時から準備をし、午前五時半から始まるという。美智子さまは陛下を御所でお送りし、祭祀の間は髪をおろし慎んでお過ごしになるそうだ。

祭祀を執り行う夫に従い、和歌に昇華させる。あまりに見事な「奇跡」だから、それがいつまでも続くと見誤る人が出てしまうのだろう。

美智子さまの祭祀への取り組みようを教えてくれたのは、松村淑子・宮内庁元女官長だ。元薩摩藩主の六男・島津忠弘の次女で、経済企画庁事務次官・松村敬一の妻。一九六九年（昭和四十四年）から二十年間、東宮女官長、女官長を務めた。

松村さんは、「文藝春秋」二〇〇三年十一月号「皇后美智子さま51人の証言」に登場した一人。祭祀について、仕度にも長い時間がかかり、つらいだろうと察していたという。だが美智子さまは、祭祀の前後に何度も行う手清ましや口すすぎもすべて古式通りを保ち、こんな話をされたと松村さんは証言した。

〈「初めは、随分度々にと思いましたが、考えてみると昔聖地と言われる場所に行った人たちは、皆遠い道のりを行き、その間に自分の気持ちを清めていったのでしょう。繰り返し口をすすぎ、手を清めるのは、雑多な日常を離れ、俗から聖に移るときの、身を慎む大切な道のりなのだと思うようになりました」といつかお話下さり、それ以後、一連の所作が、私どもにも本当に大切に感じられて来たことを思い出します。〉

美智子さまの中にあるキリスト教的なものから出た言葉のようにも感じられる。過去の自分を出発点に、皇室というものを納得していく、その過程が垣間見える。

松村さんは、美智子さまとの出会いの場面も書いている。

〈拝命前には、一度だけお見上げしております。島津家の集まり「錦江会」に、香淳皇后のお供をされ、皇后さまもお出まし遊ばしました。会場をお回りになり、私にも「あなたは？」というように、優しくお目を向けて下さいました。その時、頭上の木の枝から小さな花がらが私の肩に落ちたのを、そっとお手を延べてお取り下さり、後に女官長にとの打診がございました時、この折の記憶に励まされ、上がる決心をいたしました。〉

特別なことはしても求めてもいけない。あなたはあなたでいるだけで気高いのだから。まるで生まれついてのものであるかのようにこれを実践できる人は、マリア・テレジア学校の優等生になれる。祭祀も自分のものとしていける。

だがこれらの諸々を「仕事」と思って実践するのだとしたら、それは徹夜で働くより、はるかに大変なことではないだろうか。

4 適応障害に見る「実存」「生存」

皇室にはステークホルダーの概念が足りない

「皇室は究極のイメージ産業」。岩井克己さんの言葉だ。

長く皇室を見続けてきたベテランジャーナリストの言葉をもとに、失礼を承知の上で「皇室」を一企業として考えてみる。イメージという利益の最大化を目指す「皇室株式会社」だ。雅子さまの「適応障害」という病について考えるとき、この会社には「ステークホルダー」の概念が足りなすぎたと思う。

最初に断っておくが、もっと雅子さまがしっかりすべきだったという意味では全くない。

ステークホルダー、つまり企業活動の利害関係者。株主、消費者、従業員、取引先などを指す。これらを常に意識し、行動せよ。今どきの企業はたいてい、社員にそんなふうに教育している。

皇室株式会社であれば、株主は国民、消費者も国民、従業員は宮内庁職員もあろうが、第一には皇族、取引先はいろいろあるがメディアもその一つ。ざっくり言うなら、そんな感じだろう。

その会社の従業員、中でも主要メンバーの一人が病を患った。少し休めば治るというような単純なものではない。このトピックスにおけるステークホルダーへの対応は、実は皇室株式会社にとって、千載一遇のチャンスにもなったと思う。

そのトピックスが誰にとっても他人事でないこと、それどころか自分と隣り合わせであること。それがステークホルダー全体に浸透すれば、このトピックスはイメージという利益を増やす好機になったと思う。

岩井さんは二〇〇七年（平成十九年）、雅子さまの「孤独」についてこんなふうに語っている。

〈御料牧場などでの静養中、皇太子が先に帰京された夜など、雅子妃は一人、小高い丘まで出て行かれることがあるそうです。そして真っ暗な闇のなかから、街の灯りを黙って眺めておられるという。お淋しいんだろうなあ、ほんとに閉塞感があるんだろうなあと思います。〉

（「文藝春秋」三月号）

なぜ、こういう情報を宮内庁は積極的に開示しなかったのだろう。

「説明責任」という言葉も、ビジネス界で昨今よく聞くのだけれど、こういうことを積極的に伝えていれば、雅子さまや皇太子さまを批判的に見る目がどれだけやわらいだことか。だが、一向にそういう情報は伝わらず、トピックスはマイナス方向に働いてしまった。

皇室株式会社には広報担当が必要

私が皇室株式会社の幹部だったら。

と、もうしばらくこのたとえを続けさせていただく。失礼な上にすべて机上の空論で、それも現時点で過去を振り返っての後知恵だと承知の上だ。

私が幹部だったら、前項で紹介した精神科医の斎藤環さんをスカウトしていた。

雅子さまには大野裕さんという認知行動療法の第一人者である主治医がいて、信頼も大変厚いと伝えられている。

だから、主治医を代わってもらうという話ではない。広報担当に就任してもらうのだ。ステークホルダー全般、つまり、国民、宮内庁職員、皇族、メディア……。それぞれの理解を得るための説明の仕方を考えてもらう。

スカウトの理由は、彼の話した内容、書いた内容が私に刺さったからだ。病の特徴、それが自分と無関係でないこと、どちらも明確になった。そして、共感できた。

「共感」は、昨今のビジネス界のキーワードの一つ。説得だけでは商品は売れない、共感レベルにまでもっていかなくては、などというふうに使われる。

「東宮職医師団見解」に一貫して欠けているもの

雅子さまのご病状の説明は年に一度、「東宮職医師団見解」という形でなされている。二〇〇五年（平成十七年）からずっと、文書で発表されている。医学的見地から「説明」し、皇太子妃でありながら患者であるという人の存在を、不特定多数の人に理解してもらおうと「説得」を試みていることはわかるが、「共感」にまではいかない。そういう文書が毎年、発表されている。

そもそも最初から、雅子さまの病というトピックスについて、誰かが戦略をたてて対処した様子がうかがえない。

帯状疱疹の発症をきっかけに二〇〇三年（平成十五年）末から公務を休んだ雅子さまは、小和田家の別荘で静養された。この時点で、「美智子さまは正田家との交流をごく控えていたのに」と比較され、それが雅子さまへの批判的な目の始まりだったと記憶する。

一方ですでに書いたように均等法第一世代の女性たちは、自分たちの息苦しさと雅子さまを重ね、「共感レベル」で見ていた。彼女たちが感覚的にとらえたことを、一般に広げる努力をここからしていればよかったと思う。後の祭りなのだが。

翌年五月に、皇太子さまから「人格否定発言」が飛び出した。皇太子さまと同じ一九六〇年（昭和三十五年）生まれの評論家・福田和也さんはこの発言を「追い詰められた息子の賭け」と表現したが、父である天皇陛下からは支持でなく、「国民に説明を」という指示を得てしまう。

それから二カ月後の七月、皇太子ご一家の広報担当でもある東宮大夫から、雅子さまは「適応障害」という病だと発表され、そこから一年余りたった二〇〇五年（平成十七年）十二月、雅子さまのお誕生日にやっと医師からの説明がなされた。それが「東宮職医師団見解」文書第一弾だ。

四百字詰め原稿用紙で九枚強というボリュームで、「1病名と治療方針」「2現在のご病状」「3今後の課題」と分かれている。

雅子妃の適応障害は、慢性のストレス因子が原因で長期化するタイプであること、回復はしているが体調に波があり、公務を続けてできるほどではないこと、公務ができないことを心苦しく感じているという雅子さまの気持ち。それらが1と2に書いてあった。

3が一番長い。結婚前の知識や経験が生かされるライフワーク的な仕事や研究を公務に生かすのが重要なこと、自由な外出ができないことがストレスだから、私的外出や運動がよいこと。日常のプライバシー確保が回復には不可欠なこと。それらを説明し、「静かに見守っていただければありがたいと考えております」と締めくくった。

以来、毎年お誕生日に文書が出されている。二〇一八年（平成三十年）十二月版を見ても、趣旨はほとんど変わっていない。

着実に回復しているが体調に波があり、過剰な期待は逆効果で、私的な活動も大切だと考えている。周囲の理解と支援を受けながらの治療が大切である。そういう内容だ。具体的に取り組んだ公務も列挙され、増えていることはわかる。

だが、読む側にすると、どうもわからない。初回の説明から、ずっとそのことへの答えが見えない。それは、「なぜ私的な活動はできるのに、公務はできないのか」という問題だ。

第一弾では私的外出や運動について、「こうしたご活動を通して心によい刺激を与えていただくことが治療的に重要であるとの医師団の説明をご理解いただき、ご協力いただいております」とあった。医師団が頼んで、そうしてもらっているというスタンスだ。

最新版では、「私的なご活動」の幅を広げていただくことも大切だ、とだけあった。なぜそうなのか、は書かれていない。

一貫してこの問題へ納得できる説明がないから、ずっと同じ批判にさらされる。

病名が発表されて約半年後の二〇〇五年（平成十七年）二月、皇太子ご一家が長野県のスキー場で静養した。一週間後、同じ長野県でのスペシャルオリンピックス冬季世界大会の観戦を、当日に取りやめた。「雅子妃のドタキャン」の始まりだ。

以来、ディズニーランドや三つ星レストランなど「私的外出先」が数々報じられ、欠席続きの公務の数々が指摘された。歌会始の儀が行われていた日や国賓が来て歓迎の式典があった日に、そちらは欠席したにもかかわらず、わざわざ皇居に行って乗馬をしたということも報じられた。

この「プライベート優先」に加え、雅子さまの実家との近さも折々で問題視された。二〇〇六年（平成十八年）にオランダ王室の招待で実現した静養でも、ハーグ在住だった小和田夫妻が女王のお城でご一家と合流したと伝えられ、翌年のお正月に小和田夫妻が東宮御所を訪ねたことはすぐに週刊誌ネタになった。

その後、詳細はここでは省くが愛子さまの不登校という問題が加わり、雅子さまはますますプライベート＝子育てにのめり込むようになった。二〇一一年（平成二十三年）には、愛子さまの山中湖での校外学習二泊三日のすべての行程に付き添った。二泊三日の地方公務は四年間していなかったから、批判が頂点に達した。この頃には「皇太子さまは結婚して変わってしまった」という関係者の声も、しばしば伝えられるようになった。

生きる意味を見失ってしまった雅子さま

ここで、やっと斎藤環さんが登場した。二〇〇八年（平成二十年）、「文藝春秋」誌上に二度、登場した。「引き裂かれる平成皇室」（四月号）座談会と、寄稿「医師の病状説明が雅子妃を守る」（八月号）だった。私は両方を読み、雅子さまの病を理解し、共感した。

斎藤さんは、雅子さまは「ディスチミア（気分変調）親和型うつ病」に近いと判断していた。だが、私にとっては病名よりも、雅子さまの病状の「意味」を語ってくれたことの方が大きかった。病気の特徴から背景、「私的外出」のこと、皇太子さまの態度。その説明のすべてが腑に落ちた。私なりにまとめてみる。

まず、斎藤さんは雅子さまの病を「新しいタイプのうつ」とはっきり言ってくれた。「医師団」の文書には、このような大きな位置付けがないからわからないのだ、とこれでわかった。

旧来のうつ病（メランコリー親和型うつ病）は責任感に押しつぶされたまじめな人に多い、生き延びるためにがんばりすぎて潰れる「生存」のうつだ。これに対し、新しいタイプは「実存」のうつだと斎藤さんは言う。

「生存」と「実存」。一見、わかりにくいが、斎藤さんの補足説明でよくわかった。生きていけるのは当たり前、むしろ飽食の世の中で、自分が生きることの価値を見失ったときに苦しみが始まるのが「実存のうつ」だ、と。

一九六〇年代生まれの人のうつでは新しいタイプが主流で、特に職場のメンタルヘルス問題などはこればかりという斎藤さんの「臨床での印象」は、私の「職場での実感」とピッタリ重なるものだった。すぐ近くに座っていて、ある日から休職していった彼ら彼女らは、「自分が働く意味」を求めて苦しんでいたのだな、と合点がいった。

また斎藤さんは、会社は休んでいるのにスポーツクラブに行ける人の例をあげ、仕事には行けないが私的活動では元気な人が多いのも特徴、と言っていた。こういう人も、職場で何人も見てきた。

「一見わがままに見え、理解が得にくい。その意味で、不幸な病」。斎藤さんのこのような説明を、東宮職医師団は一度もしていない。

斎藤さんは、雅子さまを「皇室の中で自分の生きる意味を見失ってしまったのではないだろうか」ととらえていた。そして幼少時から、海外、日本としばしば変わる「環境」に適応し、学業でも職業でも自己目標を達成してきた雅子さまがダメだったのだから、やはり皇室という「環境」が最大の病因だろうとしていた。したがって環境を変えず治療するのは「マラソンをしながら捻挫を治す」ようなもので、それほど困難なのだと説明していた。

雅子さまの大変さがよくわかり、「実存」という言葉が響いた。組織に生きる人間だからだ。自己責任でマーケット至上主義の時代になった。求められるのは「効率よく結果を出す」ことだから、仕事の喜びは「結果」だけになってしまう。だが「結果」だけで楽しいだろうか。「結果」でない、働く喜びってもっとあるはず。それって何？　ぐるぐる思考が回る。自分ならではの働きがい。それが見つからないとしたら？　喪失感という言葉が浮かび、雅子さまと重なる。

こんなに今日的な問題なのに、誰にも思い当たることなのに、医師団からそういう視点がもたらされない。

イメージ戦略がなさすぎた

愛子さまの校外学習お付き添い騒動から一年たった二〇一二年二月十三日号の「アエラ」に載った「雅子さまを諦めきれない」という記事には、戦略コンサルタントの経験がある四十三歳の女性が出てきた。

彼女は自分がコンサルティングするなら、と戦略を語っていた。「ネガティブなパブリックイメージを払拭するような目指すべきイメージ」を設定し、そのために「重点活動は三つくらいに絞り、一つは愛子さまの教育」にして、「公務は雅子さまの能力を生かすものだけ」とする。そうすれば雅子さまの負担は減り、モチベーションは上がり、国民の理解が得られる、と。

ことがそのようにうまく運ぶかどうかはわからない。だが実際のところ、雅子さまの周囲には、パブリックイメージを意識した戦略がなさすぎた、と思う。それがないから批判に適切な対応ができず、ますます批判を呼ぶ。そういう負の循環に陥ってしまった。

皇室という環境がストレスなのだと強調すると、「天皇制を雅子さま制にしろというのか」と憤る人がいる、と斎藤さんは指摘していた。でも大野医師が行っている認知行動療法は、

「皇室という環境は変えず、雅子さまの認知を変えよう」というもの。だからそれらの反応は、杞憂に過ぎない。斎藤さんのその説明を聞けば、納得して憤りを収める人も多かったのでは、と思う。

さらに斎藤さんは、「私的外出を控えろ」というのは「ひきこもれ」に等しく、負担の少ない会合に出る方が社会的リハビリになると解説した。そう言われれば、わかるのだ。

逆に「なぜ主治医が自ら、そういう説明をしないのか」という疑問も湧くが、医師の守秘義務のほかに「説明が患者の不信感につながり、症状悪化の一因になりうる」という面も斎藤さんは指摘していて、それもわかるし、だからこそ広報担当がほしいと、ますます思う。

皇太子さまの批判されがちだった行動も、斎藤さんは明快に解説してくれる。

孤立無援感の強い雅子妃にとって、皇太子だけが自分の味方ということが大きな支えになっている。だから皇太子一人が頻繁に皇居に行けば、孤立感が強まる。ゆえに皇太子が参内を控えるのも、治療の観点からは妥当だ。国民を守り、皇室を守りたいからこそ、まず妻を守り、批判に耐えている。そういう説明だった。

こういうことが天皇皇后、秋篠宮家、メディア、そして国民に伝わっていたら。同じ「山中湖二泊三日のお付き添い」でも違う反応になったはずだ。とは思いつつ、一泊十二万円の「インペリアルスイート」という雅子さまの宿泊先はいただけない。そう思ってしまう私もいる。

著書『雅子さまと「新型うつ」』の中で精神科医の香山リカさんは、雅子さまの病状を「新型うつ」の概念からこう説明している。

〈「あの人は病気だから、もっと長い目で見てあげなくては」とわかっているはずなのに、いつのまにかこうやって自分と比べ、「ちょっと違うんじゃないの」とネガティブな感情をむき出しにせざるをえなくなってしまうのが、新型うつの最大の特徴、ということだ。〉

うーむ。

雅子さまの「実存の支え」になるものは何か

実は、もう一つ大きな問題が残されている。「生存」と「実存」という新旧のうつを分けるキーワードについてだ。「引き裂かれる平成皇室」座談会での高橋紘さんの発言を引こう。

〈皇室にとって、究極には、生存、存続そのものが価値なのですから、そのことに意味を見出せないとすれば、相当苦しい。〉

生存し続けねばならない皇室は、その価値である存続のためにさまざまな装置を備えている。その装置そのものに意味がないと感じるなら、それは苦しい。高橋さんはそう言っているのだと思う。誰にとって苦しいのか。雅子さま、そして皇室にとってもだろう。

男子出産は、存続そのものだ。雅子さまが苦手な勤労奉仕団へのご会釈のようなものも、皇室の生存、存続につながるものだろう。それに意味を見出せないなんて……。そのような戸惑いを感じる人々からは、「嫁ぐ前からわかっていたはずだ」「覚悟が足りない」という批判が出る。

斎藤さんは、「お覚悟ではうつ病は治らないと思います」ときっぱり述べているのだが。

二〇一一年（平成二十三年）四月一日、斎藤さんは「雅子妃への、きわめて控えめな提言」というタイトルの文章を「WEBRONZA」に寄稿した。三月十一日に起きた東日本大震災を受けてのものだ。

雅子さまへ被災地訪問を提言していた。被災地訪問を「仕事」と表現し、すすめる理由をこう書いていた。

〈この仕事は、本当に意味があるのかどうか良くわからない宮中祭祀や公式行事への出席とはまったく意味合いが異なる。自らも苦しみつつ病と闘っている雅子妃の訪問が、高齢者も多い避難所にもたらす慰安と激励の効果ははかりしれない。日本全国が悲嘆にくれている今こそ、彼女の「祈り」が大きな意味を持つだろう。〉

失声症を患った際の美智子さまのエピソードにも触れていた。一九九三年（平成五年）、激しい皇后バッシング報道に美智子さまは倒れ、声を失った。だが四カ月後に硫黄島を訪問、戦場で亡くなった人々に祈りを捧げた翌日、父島で言葉を取り戻した。

斎藤さんは「そう、21世紀の今もなお、『象徴的存在』だけに可能な行為というものがあるのだ」と書き、そうした行為が雅子さま自身にも、「なにがしかの〝実存の支え〟と〝回復の糸口〟をもたらすのではないか」、そう思えばこその提案だと続けた。

皇太子さまと雅子さまは、この文章が掲載された五日後に東京都調布市の避難所を訪れた。六月には宮城県、七月には福島県の避難所を訪問。死者・行方不明者が七百人にのぼる宮城県山元町では、去り際にハンカチで目頭をぬぐう雅子さまの姿が報じられた。

「生存」が価値の世界にいてこその「実存」。斎藤さんが書いたのはそういうことだ。被災地訪問で、雅子さまは実感しただろうか。


大きな批判を巻き起こした山中湖へのお付き添いは、その二カ月後。家族の悩みが尽きず、エピソードがきれいに収まらない。日本の、悩みの深さを映しているようだ。

第4章 ストーリーなき時代と皇室

1 「戦争」という遺産とその喪失

戦争なしに人はどうやって大人になるのか

人はどうすれば大人になれるのか。そんなことを考えたのは、吉野源三郎の『君たちはどう生きるか』がきっかけだった。一九三七年（昭和十二年）の出版から八十年後の二〇一七年（平成二十九年）、この歴史的名著がマンガ化され、読んだのだ。

『漫画　君たちはどう生きるか』は一年で二百万部を超す大ベストセラーになった。大胆な編集で原本よりずっとドラマチックになった一方で、叔父さんがコペル君に語りかける部分はそのまま生かされていた。読者層はコペル君（十五歳）世代ではなく、大半がコペル君の親かもっと上の世代だったと想像する。

出版直後に読んだ私も、生きる指針を与えられた気持ちになった。「君の思想」をもち、「立派そうに見える人でなく、本当に立派な人になれ」と叔父さんに説かれ、深くうなずいた。同じように感じた大人がたくさんいたと想像しつつ、それにしても叔父さんはいくつなのだろうと思った。

叔父さん＝吉野と思うのが普通だろう。調べてみた。出版当時、吉野は三十八歳だった。愕然とした。昔の三十八歳って、なんて大人なんだ。『漫画　君たちは――』を読んだとき、私は五十六歳だった。私がコペル君で、三十八歳の吉野が叔父さん。逆転どころではない。

連想したのが、「サザエさん」の父・磯野波平だった。五十四歳という設定だが、今の人の目にはどう見ても六十代後半だ。今の人と昔の人の見た目の差という脈絡でよく語られる話なのだが、それだけではないと思った。

要は成熟なのだ。現代人は同じ年月以上を生きても、三十八歳の吉野と五十四歳の波平に追いつけない。それどころか、差をつけられる。幼児化。そんな言葉が浮かんだ。

「戦争」ではないだろうか。

「サザエさん」の新聞連載が始まったのは、一九四六年（昭和二十一年）。終戦の翌年だ。『君たちはどう生きるか』が発行された一九三七年（昭和十二年）は、盧溝橋事件が起き日中戦争の始まった年だ。

戦争が人を大人にしてくれる、戦争なしにどうして大人になればいいのか。などと書くと、波平さんに「バカモーン」と叱られることはわかっているのだが。

皇室は戦争の記憶を継承できたのか

天皇家にとって、戦争は大きなテーマだ。陛下と美智子さまは、第二次世界大戦の激戦地を訪ねる「慰霊の旅」をライフワークになさった。皇太子さまも時々に、戦争について語られている。

二〇一六年（平成二十八年）二月のお誕生日にあたっての記者会見では、前年が「戦後七十年」という節目の年だったことから、「改めて感じられたこと」を尋ねられた。

皇太子さまはまず、天皇、皇后両陛下の慰霊の旅（前年四月にパラオ、その年の一月にフィリピンを訪問）について触れ、「平和への強い思いをそのお姿で世界にお示しになりました。私たちも、そうした両陛下の平和を思うお気持ちをしっかりと受け継いでまいりたいと思っておりますし、多くの方々が両陛下のご訪問を通じて、先の戦争についての理解を深められたのではないかと思います」と述べられた。

ご自身については、沖縄の豆記者と会ったり、戦後に引き揚げてきた人たちによる大日向《おおひなた》の開拓地を訪ねたりするなど、軽井沢で戦争の歴史を学んできた。そう幼い頃からの体験を振り返った上で、「両陛下からは折に触れて、私たち家族そろって、疎開のお話など、戦時中のことについてうかがう機会があり、愛子にとってもとても有り難いことと思っております」と続けられた。

この記者会見の五カ月後、ＮＨＫが「天皇陛下『生前退位』のご意向」と報じ、そこから代替わりが動き出すのだが、報道直後に半藤一利さんと保阪正康さんが「文藝春秋」誌上で対談した（二〇一六年九月号）。

保阪さんは「愛子にとってもとても有り難いこと」という皇太子さまの会見での言葉を引用し、戦争の記憶をどう残すかが日本社会の課題だが「こと皇室に関しては、その継承が非常に上手くいっていると思います」と評価した。

半藤さんは、二〇一五年（平成二十七年）に宮内庁が写真を公開した「御文庫《おぶんこ》附属庫」の話をした。一九四一年（昭和十六年）に皇居内に作られた防空用施設のことで、皇太子さまと秋篠宮さまはそれを直接ご覧になった。

皇太子さまは記者会見で御文庫附属庫についても触れ、「ここが非常に重要な役割を果たした場所であるということを改めて実感し、（中略）昭和天皇がここに座っておられたことなどを伺って、その当時にタイムスリップしたような深い感慨を覚えました」と話された。

半藤さんはそれらのご発言を踏まえ、「陛下は新憲法下で自分たちが考え作り上げた『新しい天皇像』を次世代の皇室の方々が、しっかり受け継いでいってくれる自信がついたのではないでしょうか。いや、そうに違いありません」と太鼓判を押した。

実は皇太子さまは、これ以前にも「御文庫附属庫」に関連するお話をされたことがある。

正確には御文庫附属庫ではなく、そこでなされた昭和天皇の「聖断」の話だ。一九四五年（昭和二十年）八月、昭和天皇は御文庫附属庫で開かれた「御前会議」でポツダム宣言受け入れを決めた。四十四歳だった。だから皇太子さまが四十四歳になる二〇〇四年（平成十六年）、誕生日にあたっての記者会見でこんな質問が出た。

「四十四歳は昭和天皇が終戦の年、御前会議を開いた年です。そういう年にご自身がなられたという感慨のようなものがおありですか」

皇太子さまはこう答えられた。

「昭和天皇は本当にいろいろご苦労もおありだったと思いますし、本当にその激動の時代を生きられたと思います。（中略）ある意味で今そういう時代でないということが一つ幸せなことであるわけですけれども、そういう意味で本当に昭和天皇がご苦労されたということを私もよく身にしみて感じますし、今改めてこの四十四歳でそういうことをなさっておられたという事実にやはり深い感慨を覚えます」

現在の天皇陛下も四十四歳になるにあたり、終戦時の父と同じ年齢になった心境を聞かれている。一九七七年（昭和五十二年）のことで、お答えはこうだった。

「陛下がちょうど四十四歳で終戦を迎えられ、大変ご苦労になったことを本当につくづく感じます。それにつけても、この戦後の平和がしみじみとありがたいものだと思います。日清戦争以来、これだけ長く続いたことはないわけで、それを思うにつけても、今後ぜひこの平和な日本が末永く続くことを期待したいと思っております」

昭和天皇の苦労に思いを馳せ、平和に感謝する。趣旨は現在の皇太子さまの答えと同じだ。だが、陛下の方がはっきりと言い切っているし、平和への願いにまで踏み込んでもいる。皇太子さまの方が無難というか婉曲というか、そのような表現になっている。

リアリティーの差が大きいと思う。

一九三三年（昭和八年）生まれの陛下は九九年（平成十一年）、即位十年の記者会見でこう語っている。

「私の幼い日の記憶は、三歳の時、昭和十二年に始まります。この年に盧溝橋事件が起こり、戦争は昭和二十年の八月まで続きました。したがって私は、戦争の無い時を知らないで育ちました」

そして犠牲者への哀悼のお気持ちを語り、現在の平和と繁栄は犠牲者の上に築かれた、と語った。

戦争を肌で感じた世代は誰であれ、その過酷さも虚しさも語ることができる。平和についての思いも、その延長線上で語れる。だが戦後生まれの世代にすれば、戦争は「学ぶ」ものだ。

半藤・保阪対談は、「陛下の退位のご意向」を後押しするような内容だった。だから二人は、皇太子さまが「戦争」を継承したからこそ陛下は「退位」を考えられる。そう見立てた。

だがその十二年前、皇太子さまが「四十四歳」について語られたときは、厳しく受け止められていた。「天皇家にとって大切な問題なのに響かない」。「言葉を重ねてはいるが、上滑りだ」。そのように評された。

平和が当たり前になってから生まれた者として書くならば、戦争を「実感」をもって語るのはたやすいことではない。同じ四十四歳と言われても、戦争経験のない私たちと昔の四十四歳とではまるで違う。

だから当時の皇太子さまへの批判も納得しにくいし、十二年たって「継承」したと言われても、それはそれで納得しにくい。

日本全体から「歴史」が失われつつあるなかで

「忘れてはならない四つの日」は、今では宮内庁ホームページにも載っているが、その話を陛下がされたのは一九八一年（昭和五十六年）八月七日、四十七歳のときだった。

昭和の時代、陛下（当時の皇太子さま）と美智子さまは夏に記者会見をするのが恒例となっていた。その中で「まもなく終戦記念日ですが、どんな感慨を持たれますか」と質問され、こう答えられた。

「こういう戦争が二度とあってはいけないと強く感じます。そして、多くの犠牲者とその遺族のことを考えずにはいられません。日本では、どうしても記憶しなければならないことが四つあると思います。（終戦記念日と）昨日の広島の原爆、それから明後日の長崎の原爆の日、そして六月二十三日の沖縄の戦いの終結の日。この日には黙とうを捧げて、今のようなことを考えています。そして平和のありがたさというものをかみしめ、また、平和を守っていきたいものと思っています」

そのような父のもと、今の皇太子さまは戦争について生真面目に学ばれた。「戦後七十年」の会見ではこうも述べられている。

「私自身、戦後生まれであり、戦争を体験しておりませんが、戦争の記憶が薄れようとしている今日、謙虚に過去を振り返るとともに、戦争を体験した世代から戦争を知らない世代に、悲惨な体験や日本がたどった歴史が正しく伝えられていくことが大切であると考えています」

陛下が「先の大戦が終結して七十年の節目の年」について語ったのは、その三カ月前だった。多分、「先の大戦」という言い方は陛下限りで、皇太子さまはなさることはないだろうと思う。それはさておき、三カ月前の陛下の会見に話を戻す。

軍人以外の人々も含め、多くの命が失われたこと、平和であればさまざまな分野で有意義な人生を送ったであろう人々が命を失ったこと、それを思うと心が痛むこと——陛下は、そこから語られた。そして「民間船」の話をされた。

「日本は海に囲まれ、海運国として発展していました。私も小さい時、船の絵葉書を見て楽しんだことがありますが、それらの船は、病院船として残った氷川丸以外は、ほとんど海に沈んだということを後に知りました。制空権がなく、輸送船を守るべき軍艦などもない状況下でも、輸送業務に携わらなければならなかった船員の気持ちを本当に痛ましく思います」

そう述べられてから、その年の六月に神奈川県で開かれた「戦没・殉職船員追悼式」に参列し、亡くなった船員を思い供花をしたという話を続けられた。

東京大学の御厨貴教授は、天皇の言葉には歴史回顧の要素があると語っていた。「あのとき、こんなことがあった」「このとき、美智子妃はこう言った」というのがそれで、その過去との対話が生身の言葉として伝わってくる、昭和天皇も同様だったと述べていた（「文藝春秋」二〇〇八年四月号）。

確かに「絵葉書」の話など、体験した者にしかできない「歴史回顧」だろう。陛下から盧溝橋事件が起きた日の記憶について聞いたというのは、二〇〇七年（平成十九年）から一五年（平成二十七年）まで侍従長を務めた川島裕さんだ。葉山御用邸に滞在していた昭和天皇が海軍の軍服に着替え、急きょ帰京した記憶だという。

「私の幼い日の記憶は、三歳の時、昭和十二年に始まります」と語った即位十年の記者会見を紹介したが、まさにこれがその日の記憶だろう。

御厨さんは歴史回顧について述べた際、皇太子さまのお言葉にはそれがない、振り返るとすぐに雅子妃の病状に結びついてしまうかもしれないと分析し、こう語った。
〈やはり戦争体験の有無は大きいですね。いまの両陛下までは戦争、敗戦、そして独立という日本国民全体が共有する体験があったけれど、皇太子の世代になると、それがない。つまり日本全体から「歴史」が失われつつある、ともいえるわけで、皇太子はその象徴かもしれません。〉

両陛下が疎開体験を共有していることの意味

陛下と美智子さまは育った環境は全く違うが、「疎開」という体験を共有している。お二人とも空襲に追われ、転々としているのだ。

陛下は学習院初等科五年生だった一九四四年（昭和十九年）三月、千葉県三里塚の御料牧場に疎開したが、すぐに静岡県の沼津御用邸附属邸に。七月にサイパンが陥落し、そこから栃木県の日光田母澤御用邸に移ったが、翌年七月には宇都宮一帯も爆撃されたため奥日光の南間ホテルに移った。

美智子さまも終戦の前年、母と妹と弟、叔母と従姉妹でまず神奈川県の鵠沼海岸に疎開し、次に群馬県館林に移り、終戦を迎えたのは軽井沢だった。

陛下は一九八二年（昭和五十七年）、四十九歳の誕生日を前にした会見で疎開から戻った日の話をなさった。十一月七日に日光駅から特別列車で原宿駅に戻り、「まずびっくりしたのは何もないということですね。建物が全然ない、原宿の駅に。まわりに何もなかった。これが一番印象に残っています」。

原宿駅一帯を焼け野原にした一九四五年（昭和二十年）五月二十五日の大空襲。美智子さまはその日、叔父・正田順四郎さんを表参道で亡くしている。一緒に疎開していた一歳下の紀子さんの父で、美智子さまは「順おじさま」と呼び、慕っていた。

美智子さまの歌集『瀬音』の一九九四年（平成六年）のところには、六十歳を迎えた陛下への「天皇陛下御還暦奉祝歌」が掲げられている。

平和ただに祈りきませり東京の焦土《せうど》の中に立ちまししより

陛下が戦後を踏み出した原宿。お二人が共有される記憶。歴史回顧。

「慰霊の旅」から「新しい公務」へ

陛下と美智子さまの「慰霊の旅」は「戦後五十年（一九九五年＝平成七年）」の前年、硫黄島訪問から始まった。翌年七月に長崎、広島を訪ね、八月には二日に沖縄を訪ね、三日に東京都慰霊堂を訪ねた。関東大震災と東京大空襲の犠牲者の遺骨が納められている慰霊堂の存在を、私はこの年、お二人のご訪問が報じられて初めて知った。

海外での慰霊は「戦後六十年（二〇〇五年＝平成十七年）」のサイパンに始まり、「七十年（二〇一五年＝平成二十七年）」のパラオ、その翌年一月のフィリピンまで続いた。

フィリピンに随行した河相周夫《かわいちかお》侍従長は「文藝春秋」二〇一六年五月号に手記を寄せている。それによると、陛下から訪問の検討を要請され日程を調べると、一月下旬しかなかった。しかしそこは例年、多忙な年末年始を終えた両陛下が静養される時期なので悩んでいた。すると陛下から再度フィリピンについてのお尋ねがあり、その旨を報告したところ「それであれば一月下旬に」と両陛下がただちに決断されたという。「両陛下が決断」という表現を河相さんはしていて、慰霊の旅は陛下と美智子さまお二人のお気持ちによるものだったことがわかる。

陛下の学習院時代の同級生である橋本明さんは著書『平成皇室論』の中で慰霊の旅に触れ、「平成を象徴する天皇が一代前の戦争を引き摺り、弔いの旅を重ねてきた（中略）。サイパン巡礼では生き残りの従軍兵が海岸で語る戦記に耳を澄ませ、島民に心を伝えた。その都度、国民を思う両陛下の姿が強く国民の脳裏に刻まれた」と書いた。そして被災地で膝を折って被災者と話す姿と合わせ、陛下と美智子さまの無私の行為を「平成流の凄み」と表現した。

二〇一九年（平成三十一年）に皇太子さまと雅子さまの代が始まれば、「戦争」は二代前のものとなる。その記憶の継承は、当然されるべきことだ。そして前述の通り、皇太子さまは愛子さまの代にもそれを伝えることが大切だと表明されてもいる。

だが、ふと思う。それだけで「凄み」が出るだろうか。

やはり「新しい公務」ということになるのだと思う。

「戦争」に代わる新たなテーマはどこに？

「人格否定発言」の飛び出した二〇〇四年（平成十六年）の会見で、皇太子さまは公務のありかたについて「新しい時代にふさわしい皇室像を考えつつ見直していくべきだと考えます」と述べた。翌月には、「宮内庁ともよく話し合っていきたい」と補足された。

その半年後に秋篠宮さまから「公務は受け身的なものではないか」という発言があるなど物議を醸したものだったが、「新しい公務」を模索する皇太子さまの意思は強く印象に残った。そして翌年には自ら、「環境」「子どもと高齢者」「国際交流」という大きな方向性を示された。体調を崩された雅子さまを思い、雅子さまが得意な分野を念頭に置いてのものと理解した人は多かったはずだ。

それから十三年、二〇一八年（平成三十年）六月、皇太子さまと雅子さまは銀婚式（結婚二十五年）を迎えられ、文書でお気持ちを発表された。翌年五月の即位を踏まえ「新天皇として、即位後のあり方」が事前に質問されていて、その回答に「新しい公務」が触れられていた。

「私は以前、『新たな公務』について、自分自身も携わってきた水の問題や、環境問題、子どもや高齢者を取り巻く状況などについて触れましたが、今後も、そうした新たな公務に対する社会の要請は出てくると思いますので、そうした公務に真摯に取り組んでまいりたいと思っています。同時に、世界各国との相互理解を深めていくことも大切であると思いますので、国際親善や文化交流の面でもお役に立てればと思います。また、今後の日本や世界の将来を担っていくことになる若い人たちとの交流も大切にしていきたいと考えています」

水、環境、子どもと高齢者、国際交流。ブレない皇太子さま。確かにどれも、二十一世紀的な課題だろう。だが、「凄み」が感じられるかというと……。

と、ここから失礼を顧みず、コンサルティング的な発想をさせていただく。

皇太子さまと雅子さまに必要なのは一つ前の時代である「平成」を振り返り、そこから「テーマ」を探すことではないだろうか。陛下と美智子さまの「戦争」というテーマが「昭和の負の遺産」だったように、平成の積み残しというか課題というか、そういうものを見つけ、その解決をお二人の仕事とされる。それができれば、陛下と美智子さまのように一層の敬愛を得るに違いない。

問題は、先ほどの御厨さんの言葉を繰り返すなら、〈日本全体から「歴史」が失われつつある〉ことだ。その状況下でテーマを探すのは、容易なことではない。

天皇陛下の退位が決まって以来、「平成とはなんだったのか」という議論が盛んになった。少子高齢化と格差社会が進展したのが平成だった、という意見をよく聞いた。

仮に、その二つをテーマとするとしよう。難しいなと感じるのが、立場によって見え方、考え方がさまざまだという点だ。

戦争なら「負の歴史」と誰しも思う。「平和」にも異論が出るはずがない。ところが「少子化」の場合、人それぞれで見え方が違う。

前章で、「婦人公論」のアンケート「あなたは雅子さまと紀子さま、どちらに惹かれますか?」について触れた。紀子さま派には「三人の子どもの母」であることを評価する人が多かった、と書いた。だがこれは裏返せば、「なかなか子どもを授からなかった雅子さま」に心を寄せる人もいるということになる。子育てする人、しない人、どちらがどうということではない。立場の違いが意見の違いになる。ましてや「子どもを産もう」と音頭をとるなど、政治家にしても難しい。

「勝ち組」「負け組」という言葉がしばしば使われるようになったのも、平成だった。セットであるのが、「自己責任」という言葉だ。それこそが「格差社会」の問題点だと思う一方、「皇室」というものを「勝ち組」と見る人が出かねない時代だとも思う。皇族として「格差社会」

を語るのは、とても難しい。

話が戻って恐縮だが、『漫画　君たちはどう生きるか』を読み、心ひかれた一節があった。「貧乏ということについて」という叔父さんからコペル君への文章だった。

叔父さんは、こう語っていた。

「しかし、コペル君、たとえちゃんとした自尊心をもっている人でも、貧乏な暮らしをしていれば、何かにつけて引け目を感じるというのは、免《まぬが》れがたい人情なんだ。だから、お互いに、そういう人々に余計なはずかしい思いをさせないように、平生《へいぜい》、その慎《つつし》みを忘れてはいけないのだ」

「慎み」という言葉をずっと聞いていない気がして、格差社会を考えるヒントになると思った。感覚的にだが、皇室と親和性の高い言葉だとも思った。

『君たちはどう生きるか』には大人がいて、解があった。昭和に頼る平成。『君たちはどう生きるか』のリバイバルヒットが、平成というものを表している。

2　構成員の脱「規格」

美智子さま的完璧さを標準にするのは無理

私が初めて「美智子さまという奇跡」という表現を使ったのは、眞子さまと小室圭さんの婚約内定会見を受けて書いたコラムだった。タイトルは〈眞子さまと小室さんで考えるLet it be〉、サブタイトルは〈皇室も「自然に」の時代だから、「規格」を求めず〉とした（「WEBRONZA」二〇一七年九月六日）。

小室さんは皇室入りをするわけではなく、眞子さまが「降嫁」するわけだが、とはいえ広い意味で皇室のニューカマーだととらえた。彼を通してどんなプロフィールの人なら、皇室の構成員として正解なのかを考えたかった。

それまでの、つまり美智子さまのような完璧さを標準とするのは無理だという思いがあった。そのことを書きたくて最初に浮かんだ言葉は「スペック」だったが、最終的に「規格」という表現に行き着いた。

Let it beについては後で説明するが、とにかく「規格」にとらわれず「ありのまま」でいいではないかと書いた。

今も同じ気持ちだ。でも複雑な問題だとは承知している。

「奇跡」のカードはもう切れない

眞子さまと小室さんは、国際基督教大学（ＩＣＵ）の留学説明会で知り合って以来、五年越しの恋を、一旦は実らせた。現在は宙ぶらりんだ。

幸せだった婚約内定会見で眞子さまが「（小室さんの）太陽のような明るい笑顔」にひかれたと言い、小室さんは「宮さまは私を月のように静かに見守ってくださる存在」と言い、「太陽と月」のお二人はそっと見つめ合っていた。

二十五歳同士は翌年、二〇一八年（平成三十年）の十一月に結婚式を開くはずだった。晩婚化が進む時代にあってまことにおめでたい話だったが、最初からそれだけではすまない気配が漂ってはいた。

ＮＨＫのスクープから始まったお二人の婚約報道だったので、正式発表前から小室さん情報が飛び交った。今では最大の問題とされている母の「元婚約者からの借金」については明らかになっていなかったが、エピソードは「元・湘南江の島海の王子」という微笑ましいものだけにはとどまらなかった。父の死因や母の宗教、中でも注目されたのが小室さんの職業のことだった。

三菱東京UFJ銀行に就職したが一年余りで退職、弁護士事務所に勤務していた。だが、弁護士としてではなくパラリーガル、すなわち資格のいらない補助職だということに注目が集まった。

誰が何の仕事に就こうが関係ないじゃないか、と私は思う。だが、「天皇の初孫」である眞子さまの婚約者となると、そうはいかなかった。

小室さんは一橋大学の大学院で経営法務を学んでもいたから、余計にパラリーガルは「仮の仕事」のようでもあった。それが「経済的に自立できるのか」という疑問、さらには好奇心をかきたてた。

通常、メディアが皇室を扱う場合、その対象が「民間人（皇族女性の結婚相手）」であっても、露骨に揶揄することなどはしない。だが、その人の職業についてなら、「皇籍離脱後の皇族女性のお暮らしに関わる問題だから」とエクスキューズしやすい。結果、調子づくメディアは多かったし、ネット上では「フリーターのくせに」といった表現まで飛び交った。

婚約内定会見にあたり、眞子さまと小室さんもこういう事態を十分に意識されていた。「趣味や座右の銘、将来の夢や目標」を聞かれ、小室さんはこう答えた。

〈現在、奥野総合法律事務所・外国法共同事業にて正規職員として働いている傍ら、社会人入学した大学院に夜間で通っております。今後のことで思い描いていることはございますが、今は目の前の仕事と勉学にしっかり取り組むことが重要であると考えております。将来のことにつきましては、宮さまとご相談しながら、考えてまいりたいと思います。〉

あえて「正規職員」という表現を使い、「フリーター」ではないことを明言した。また会見を通し、大学四年の十二月に小室さんが眞子さまにプロポーズ、承諾を得たということもわかった。であれば、翌春に就職した三菱東京UFJ銀行を一年余りで退社し、現在の職場に転職したことは眞子さまも承知の上だろう。お互い納得の上でパラリーガルになって、将来は相談して決めていく。けっこうなことだ。

それなのに批判が多い。それは美智子さまという存在があるからだ。そう思い、こう書いた。

〈眞子さまと小室さんの婚約内定で、しみじみ思ったのは、皇室に求められる「規格」って、なんだろうかということだ。「規格」というのをもうちょっといま風にいうならば、スペックだろうか。どんな初期設定なら皇室のメンバーとしてふさわしいのか。そんなことだ。

週刊誌、月刊誌の記者、編集者として、長く皇室報道に関わってきたが、いつも思うのが、「美智子さま」という「奇跡」だ。

初の民間出身の皇太子妃。皇太子さまが望まれた恋愛結婚。国民を魅了しミッチーブームを巻き起こす聡明さと美しさ。嫁いですぐに男子を授かる。戦争というものを忘れることなく、夫が天皇となってからも連れ立って慰霊の旅に出る。災害があれば被災地に足を運び、膝を折って人々と語り合う。過密公務をこなしながら、2人の男子と末っ子の女子の良き母、さらには孫たちの良き「ばあば」として家庭生活も充実させる。

このような人を得たことで、皇室は国民からの敬愛を得た。だが一方で、美智子さまという人の存在が、皇室の規格を決めてしまったのだとすれば、それはこの時代、しんどいよなあと思う。

国民がこうあってほしいと思うことを、体現できる人など、きっとこの世に二人とはいない。皇室はもう、「奇跡」というカードを切ってしまったのではないか。美智子さまの姿を拝見するにつけ、そう感じるのだ。〉

パラリーガルで、ありのままで

初めて「美智子さまという奇跡」と書いたのが、これだった。

「この時代」という言葉を使った。今はもう「誰もが納得するよい会社」などない時代だ。それが昭和と決定的に違う。そう思ってのことだ。

仮に小室さんが三菱東京ＵＦＪ銀行勤務のままなら、美智子さまが体現されたような「規格」と大きくズレてはいなかっただろう。だが、昨今の銀行は「中途退職者の宝庫」だという。

優秀な若い人たちが旧態依然のメガバンクに見切りをつけ、風通しがよく実力をつけていける会社を探し、続々転職している。

せっかく入ったのに、という時代ではないことを、「せっかく入った」多くの若者が体現している。小室さんも、時代を生きる一人にすぎない。

さらに言うなら、「昔からの一流企業」がある日突然、一流でなくなる時代だ。「長年にわたって働いていた不正」が、業種を問わずしょっちゅう発覚している。であれば、女性皇族の夫になる人がどんな一流企業で働いていても、そのリスクは等しく負っている。

というわけでパラリーガルゴーゴー、とささやかな論陣を張った。そして「座右の銘」を聞かれた小室さんが、インターナショナルスクール→ICUという経歴らしく「好きな言葉は、Let it beでしょうか」と答えたことに、勝手ながら注目させていただいた。

翌日、いろいろな人が「Let it be」を日本語にしていたが、中に「放っておいて」と訳した人がいた。それを聞いて、「将来のことは二人で決めればよいのであってLet it be、放っておいて、でよい」と書いた。そして、こう締めくくった。

〈会見の中で小室さんは、「自然」という言葉を3回、使っていた。最初は、内親王という立場の人と結婚することについて。責任の重さに触れた後、眞子さまの「それらのことを感じさせない配慮」のおかげで、「とても自然な気持ち」で過ごすことができたと答えた。次は、理想の家庭像として、「いつも自然体で、和やかな家庭」と表現した。

そして最後が好きな言葉、「Let it be」。その意味するところを素直に読むなら、「あるがままに」だそうだ。「そのままで、自然に」と言い換えてもよいと思う。

そろそろ私たちも、こう考えないといけないのではないのだろうか。

皇室も、自然に、自然にと。〉

結婚相手の実家に借金があってはダメなのか

この気持ちは今も変わらない。小室さんは「特別な存在」である皇室に飛び込んできた、人間らしい人だった。美智子さまを念頭にした「あるべき規格」からは外れているかもしれないが、ありのままで受け入れるべきだと今も思う。

だが、小室さんの人間らしさは、どうも人々の「負の感情」を刺激するらしい。その流れを決定的にしたのは、母の「借金問題」だった。

小室さんの母と結婚の約束をしていたという男性が、四百万円以上を貸したまま返ってこないと証言した。ある女性週刊誌が報じたのだが、しばらくして複数の週刊誌が報じた。内容はほぼ同じで、貸したままだと主張する男性が戦線を拡大したと理解した。

それからすぐに、お二人の結婚延期が決まった。「太陽と月」の会見から五カ月後の二〇一八年（平成三十年）二月、一般の結納にあたる「納采の儀」まで一カ月というタイミングだった。皇室の大きな儀式、つまり二〇一九年の代替わりが終わる二〇二〇年に延期すると、宮内庁が発表した。お二人の結婚の意思は変わらないが、細かい日程は決まっていない、とのことだった。

お二人の「お気持ち」も文書で発表された。結婚について「深く具体的に考えることができていない」と述べ、「本来なら婚約内定の発表までにその次元に達するべきだったが、できなかったのは未熟さゆえ」と反省し、これを「新生活へのよい機会ととらえる」とあった。

結婚に「次元」を設定し、達していないと反省し、でも最後は前向きにまとめていた。実に不憫だった。どう見ても、借金問題が発覚したがための延期だ。実家に借金がある男性と結婚する女性は、世間にいくらでもいる。皇室は、それを認めないというのか。勝手にそう憤り、ささやかな論陣として再びコラムを書いた。

〈皇族が一般の国民と同じなのか、という議論もあろう。一般の国民でも、結婚は家と家の結びつきだから、本人同士の合意だけではないという人が、（いまだに）いることも承知している。

だけど、あくまでも一般論だが、結婚を祝福するかどうかに条件を課す組織って、幸福な感じがしない。人を幸福にしない組織が、長続きするだろうか。そんなふうにも思うの

だ。〉

（「WEBRONZA」二〇一八年二月十四日）

眞子さまがお決めになればいいこと

しかし、私は甘かった。このコラムへの反応が、どうも予想と違ったのだ。「趣旨はわかるけど、でもね」という反応だった。それは後述する。

ご結婚延期が発表されてからも、小室さんに関する報道は減るどころか、小室家バッシングの様相を呈していた。美智子さまが小室さんについてさまざまな発言をしている、つまりご結婚に反対しているという記事も多かった。見かねた宮内庁がホームページ「皇室関連報道について」で一切を否定したのは、延期発表から三カ月後だった。

「眞子内親王殿下に関する最近の週刊誌報道について」とあり、まず基本スタンスが説明された。

〈両陛下が第一に考えられたことは、これは眞子さまの内心に触れる事柄であり、何人といえども、恐らくはご両親殿下でさえ眞子さまのお考えを待つ以外おありでないということでした。〉

美智子さまのお考えについては、こうあった。

〈皇后さまは、ご自分の名のもとに、両陛下としてあれ程までにお守りになろうとされた眞子さまや秋篠宮両殿下の周辺で、静かな熟考のために保たれるべき環境に思いも寄らない様々な雑音が立てられていることを驚き、悲しんでおられ、陛下もまたそのことに深くお心を痛めておられます。〉

まことに図々しいとは思いつつ、私と同じ考えではないかと喜んだ。要は眞子さまが決めればよいことなのだ。周囲は見守ればよい。

税金一億円の重さ

ところがこの文書の発表から三カ月もたたず、朝日新聞が報じたのが、〈「納采の儀　現状では行えない　秋篠宮ご夫妻　小室さんに〉という記事だった（二〇一八年八月八日）。「皇族として国民から広く祝福される状態にない」ので、納采の儀はこのままでは行えないという内容で、この判断は両陛下にも報告してあると書かれていた。秋篠宮家に「金銭トラブル」は知らされていなかったが、小室さん側の主張通り「トラブルではない」なら事実関係を公に説明するのがよい。ご夫妻のお考えはそのようなものだった。

そして記事は「皇室経済法による一時金」に言及していた。皇族の女性は結婚で皇籍を離れるが、「品位を保つため」に国から一時金が支給され、眞子さまの場合、金額は一億円を超すと見られる、とあった。

私が書いたコラムへの反応も、結局はここだった。何人かの知り合いが感想を送ってくれたのだが、「趣旨はわかる。が、借金を返しもしないで、一億円も手に入れるなんて釈然としない」という素朴な感情が書かれていた。小室さんのさまざまな記事には、お決まりのように「一時金」のことが触れられていたし、秋篠宮ご夫妻も「一時金」が税金から支払われるということを意識されていたに違いない。

「同じクラスタ」を否定してきた眞子さま

同じ日の新聞に、小室さんが米国に向けて成田空港を出発したという記事も載っていた。ニューヨークのロースクールに留学するためで、勤務先の法律事務所に対して「結婚の意思に変わりはない」と述べたとあった。

では、眞子さまのお気持ちは？

眞子さまに結婚の意思がなくなったら「破談」の記事が出るはずだ。それが出ずに「このままでは納采の儀は行えない」という記事が出た。つまり、小室さんと同じく「結婚の意思に変わりはない」と読むべきだろう。

眞子さまが不憫でならない。弁護士資格がとれても「金銭トラブル」が片付かなければ結婚は難しい。それが秋篠宮ご夫妻の意思なのだろうか。四百万円くらい、いいことにしてあげて。

そう思いつつ、でもこれは、どうやら多勢に無勢だなと思っていた。すると。

作家の林真理子さんと漫画家の東村アキコさんが、眞子さまを応援してくれていた。「眞子さま、初恋を貫いて！」という対談（「文藝春秋」二〇一八年九月号）で二人は、小室さんを「チャラい男」ととらえ、そういう人の魅力がよくわかると盛り上がっていた。

うなずきながら読み進む。当然だが世の中に通じる二人である。結婚がうまくいくのは「家の格が合っている」ケースではないかという指摘をして、対談直前に高円宮家の絢子さまとの婚約が発表された守谷慧さんの話をしていた。

慶應義塾大学文学部卒、日本郵船勤務、NPO法人「国境なき子どもたち」の理事。父は経産省の元キャリア官僚。確かに、従来からの「規格」に合っている。母である高円宮妃久子さまを介して出会った二人だから、「久子さまのお婿さん選びの目が確かなのかもしれない」（林さん）、「『結婚と恋愛は別』という教育を徹底してらっしゃるんでしょうね」（東村さん）と評していた。

それでも二人は、恋に落ちた眞子さまへの共感を語る。林さんは今という時代をはっきりととらえ、こう語った。

「今、私の周りの二十代で、日本の天皇家や皇室の意義をきちんと理解している人なんてほとんどいません。小室さんもきっとその一人で、皇族の地位には無頓着に、眞子さまとお近づきになったんでしょう」

東村さんが、こう受けた。

「完全な私の妄想ですが、圭さんも眞子さまに『土日も公務で潰れて大変だね。今日は全部を忘れてディズニーランドに行こうよ』なんて誘ってるんじゃないかしら。そんな男性に惹かれる気持ち、私にもよく分かるんです」

二人のこのやりとり、「恋心」以上の問題を指摘していると思う。

眞子さまは天皇陛下の血を直接引く孫、しかも初孫だ。気楽に声をかける男性が多いとは思えない。天皇陛下の一人娘である清子さんは、黒田慶樹さんと結婚した。紀子さまと学習院で出会った兄が、学習院の友人を紹介した。同クラスタのゆりかご＝学習院が、うまく機能したケースだろう。

だけど眞子さまは高校卒業時に学習院を離れ、ICUに進まれた。妹の佳子さまは、一旦は学習院大学に進学したものの、中退してICUに進学した。その理由を成人にあたっての会見で「幼稚園から高校まで学習院に通っており、限られた一つの環境しか経験できていないと感じることが多くございました」と説明していた。

「同じクラスタ」ばかりではイヤ。そう佳子さまは思われた。眞子さまもきっと同じだったはずだ。皇室内に生きる女性が、同じクラスタのゆりかごを否定する。そういう時代に一体どうして、従来型の規格に合った男性と恋に落ちよというのだろう。

女性宮家第一号に想定されていた眞子さま

もう一つ、ややこしい問題がある。「天皇の退位等に関する皇室典範特例法」の附帯決議には「女性宮家の創設等」について検討を行うことが明記された。「本法施行後速やかに」とあるから、陛下の退位後に検討されるということだ。もし眞子さまが予定通り二〇一八年（平成三十年）十一月にご結婚されていたら、眞子さまは女性宮家の検討が始まる前に皇籍離脱することになった。

思えば、秋篠宮家は長く皇室の優等生だった。だから「女性宮家」が議論されるとき、第一号を眞子さまと想定していた関係者が多かったという。なので、眞子さまのご婚約内定を「女性宮家のご辞退宣言」と表現したメディアもあったし、岩井克己さんも「文藝春秋」二〇一七年七月号「眞子さま降嫁で皇族が消える日」の中で「『眞子さまドミノ』あるいは『離脱ドミノ』のようなものを覚悟しなければならないのか」という懸念を表明してもいた。

皮肉にも、「金銭トラブル」からその懸念はひとまず回避された。だが、もし女性宮家の創設が決まり、眞子さまが女性宮家第一号となるとすれば、それはつまり誰かと結婚するときだ。そのとき小室さんが、留学先で弁護士資格を得て帰国していれば、世論は彼を受け入れるだろうか。

「納采の儀はできない」、秋篠宮さまの明言

二〇一八年（平成三十年）十一月、五十三回目の誕生日にあたり会見した秋篠宮さまは、眞子さまのご結婚について「多くの人がそのことを納得し喜んでくれる状況」にならなければ、「いわゆる婚約に当たる納采の儀というのを、行うことはできません」と明言された。

同席された紀子さまは「母親として」と断った上で、「家族として非常に難しい状況の中にありますが、私は、長女の眞子がいとおしく、かけがえのない存在として感じられ、これからも、長女への思いは変わることなく、大切に見守りたいと思っております」と語られた。

徳俵に足が掛かってしまったようにも見える眞子さまのご結婚。ある週刊誌の皇室担当記者は、眞子さまが「一時金はいりません。それでもこの人と結婚します」と言えば、メディアの論調はガラリと変わると言っていた。

小室さんと小室家をめぐる報道が止む日は来るだろうか。

3 「アイドル」という可能性

ユヅと佳子さまが結婚するしかない

ユヅと佳子さまが、結婚するしかないと思う。

そう言ったのは、私の信頼する皇室ウォッチャーだ。豊富な皇室報道の経験を踏まえ、独自の視点で皇室をとらえる。だから彼女の指摘は、いつも示唆に富んでいる。

言うまでもなく、ユヅとは羽生結弦さんだ。

ソチ、平昌と冬季オリンピック二大会連続で金メダルを獲得したフィギュアスケート選手。平昌五輪後の二〇一八年（平成三十年）四月、地元仙台で行われたパレードには十万八千人が集まった。ファン層はとても広く、「老若男女」のうち「男」がやや少なめだろうが、残りの「老若女」からは満遍なく、熱い支持を得ている。

そして。

佳子さまがフィギュアスケーターなことは、つとに有名だ。

学習院初等科二年生のとき自らの意思で始められ、三年生になった二〇〇四年（平成十六年）四月に初めて大会に出場。そのときこそ十位だったが、翌年には「小学四年生以上の部」

で優勝、その翌年には「二級女子小学四年生以上の部」で三位、その翌年は学習院中等科の入学式直前だったが、「六年生以上の部」で優勝。大変な成績を残している。

水色のコスチュームで可愛らしく滑る幼い佳子さまをご記憶の方も多いと思うが、実は佳子さまは長くフィギュアをお続けになっていた。二〇一四年（平成二十六年）十二月、二十歳を迎えるにあたって臨まれた記者会見で、「高校の終わりまでフィギュアスケートを続けておりました」と明かされている。

だから、結婚するしかない。そう、彼女は力説する。

ユヅ、一九九四年（平成六年）十二月七日生まれ。佳子さま、同じ年の十二月二十九日生まれ。こんなにお誕生日が近いのも、きっと何かの運命だ、と。しかもユヅは国民栄誉賞を史上最年少で受賞したとき、記念品を辞退したのを知っているか、と。

確かに国民栄誉賞の場合、本人の希望を踏まえた記念品が贈られるのが恒例なのだが、羽生選手は辞退した。二〇一八年（平成三十年）七月の表彰式では「みなさまとともに取れた賞という気持ちがあり、僕個人の気持ちを出したくないなと。そういった意味で記念品は辞退させていただいた」と説明した。仙台藩ゆかりの「仙台平」の羽織はかま姿で表彰式に臨み、受賞の挨拶では東日本大震災に触れ「被災地の方々の力になれれば」と語っている。

あの日のユヅを見ていれば、「皇室」とどんなに相性のよい人かは火を見るよりも明らか。

だから二人はうまくいく。そう語る彼女の気持ちは、よくわかった。ユヅと佳子さまがうまくいくかどうかより、そういう話をしていたい気持ちがよくわかった。

皇室の将来を案じて疲れてしまう

皇室のことを考えていると、どうも重たい気持ちになってくる。その点、佳子さまのことは明るく楽しく考えられる。おしゃれできれいで、一生懸命公務をなさっている。そういうことだけを考えていられる。肩の力が抜ける。だからつい、「ユヅと」などと勝手な妄想までしたくなってくる。

こういう気持ち、彼女と私だけが感じているのではない。コラムニストの辛酸なめ子さんのある発言を目にし、そう確信した。

辛酸さんは一九七四年（昭和四十九年）生まれ。自他ともに認める皇室ファンで、毎年必ず新年の一般参賀に行っている。二〇一八年（平成三十年）五月、「平成最後のゴールデンウィーク」ということで開かれた「私家版平成皇室10大ニュース座談会」（「文春オンライン」）に参加し、眞子さまの結婚延期についてこう語った。

「私、このあと2年間も悩み続けるのが本当につらいので、日本を出て行ったほうがいいのでは、と思っていました」

ほかの出席者から「眞子さまが？」と尋ねられ、「いえ、すみません。私がです」と答え、こう説明していた。

〈私自身が「眞子さまのご結婚延期」や「皇室の将来」で思い悩むことに疲れてしまったので……。どこか遠い所に行きたくなっています。〉

そう、この感覚だ。皇室の優等生だった秋篠宮家の長女・眞子さま。おめでたいはずのご婚約だったのに、と考えると「どこか遠い所」に行きたくなってしまう。「皇室の将来」を思えば、悠仁さまを支える皇族の激減は明らかだし、お嫁さんは来るだろうかなどと思いを馳せると……。疲れてしまう。

美貌とファッションセンスだけではない佳子さま

だが佳子さまを語るとき、辛酸さんは一転、とても明るい。

〈佳子さまのことも、幼少期からかわいくていらっしゃると思っていましたが、（略）そのかわいさが近頃急激に増してこられたから、目が離せない。ファッションセンスの高さから言っても、英国王室のキャサリン妃に対抗できるスターの誕生といえるかもしれません。〉（「婦人公論」二〇一五年十一月十日号「プリンセスたちに、なぜ注目が集まっているのか」）

〈天皇家のやんごとなきカリスマパワーと美智子様のファッションセンス、紀子様のスマ

イル……全ての優性遺伝子を兼ね備えた存在であらせられる佳子様。（略）まさにインペリアルアイドルです。〉

（「別冊宝島」二〇一七年二月発行「麗しの佳子さま」）

辛酸さん、はずんでいる。まさにアイドルを前にするファンのよう。

美貌とファッションセンスを取り上げられることが多いが、佳子さまはきちんと自分の意見を口にされる方だ。成人にあたっての会見で、学習院からICUに変わる理由を説明したことは前項で触れた。家族についての質問への答えも、ぜひ紹介したい。

〈母は、週刊誌などでは様々な取り上げ方をされているようですが、娘の私から見ると、非常に優しく前向きで明るい人だと感じることが多くございます。幼い頃は手紙にスマイルの絵を描いてくれたことが、よく印象に残っております。〉

雅子さまのご病気に加え悠仁さまがご誕生になり、ますます注目度が上がった秋篠宮家にあって、ネガティブな方向で紀子さまを取り上げる記事も増えた。当たり障りのない回答だってできたのに、佳子さまはそのことを取り上げた。母のよさを語り、週刊誌報道に釘を刺した。

紀子さまはさぞうれしかったことだろう。うれしかったのは紀子さまだけではなかったようだ。会見の最後に質問した記者が、こんな感慨を口にしている。

「私は長く担当しているもので、ご一家のですね、お出掛けの際の取材などで、佳子さまがご両親の後ろに恥ずかしそうに隠れていているというそんなお姿を見てて、今の会見を拝見していて、そのお姿からちょっと想像つかないと言いますか、感動したのですけれども」

そう言ってから、学習院の中で自分がちょっと違う立場にいると自覚されたのはいつか、と尋ねた。佳子さまは、「小学校の低学年だと思います」とお答えになった。

幼少の頃から、立場に自覚的な佳子さま。アスリートとして競技に邁進しながら、「みなさま」を常に意識する羽生選手。こんな完璧なアイドル同士が結婚し、もしパレードをしたら、一体どれほどの人々が集まるだろうか。

平昌五輪で羽生選手が金メダルをとると、一挙にフィギュア関連本が出版された。どれもカバーは彼、内容もほとんど彼。彼が何ページ載っているかが売れ行きを決めるという。そのことを報じた記事（「朝日新聞デジタル」二〇一八年四月二十日）に、書店担当者の「まるで『皇子』級の扱いです」という言葉が掲載されていた。

ほらほら、皇子ですって。ついつい、はしゃぎたくなる。

眞子さまがご婚約内定の記者会見をされたとき、ゆかりの人々がテレビに出演し眞子さまの人柄を語っていた。学習院初等科からの友人は「読書家で通学のバッグの他に、図書館で借りる本のためのバッグをいつも持っていらっしゃった」と語った。実に眞子さまらしいと感じたあの日が、とても懐かしい……という話は繰り返さない。

高校時代に三年間担任した先生は、こう語っていた。

「健康にも恵まれ、三年間で欠席は一日だけでした」

これを聞いたとき、ちょっとドキッとした。

愛子さまが抱えてきたもの

ここから、愛子さまの話を書く。

皇族の中でも「皇太子」という極めて重要な立場にある人のお子さまが、学校に行くのが得意でない。欠席がちだ。そのことを国民は、みな知っている。

「婦人公論」の「プリンセスたちに、なぜ注目が集まっているのか」には精神科医の香山リカさんも登場、皇族についてこう述べた。

「私の診察室に訪れるたくさんの女性たちの悩みと似たものを感じます。母娘の確執、キャリア女性の結婚問題、長男の嫁と次男の嫁、嫁姑問題、子どものイジメに不登校……、まさに現代の家族が抱える問題がてんこ盛り」

確かに不登校の子どもは珍しくない。行きたくないなら、行かなくてよいという意見もしばしば耳にする。だが皇室の、それも内親王という立場であれば、そうはいかない。

愛子さまの最初の不登校は二〇一〇年（平成二十二年）三月、学習院初等科二年生のときだった。原因は「同じ学年の別の組の乱暴なことをする児童たち」だと東宮大夫が発表した。学習院サイドは直接的な暴言や暴力はなかったとし、天皇、皇后両陛下からは「いずれかが犠牲になることのないよう配慮を」という言葉が大夫に伝えられた。「児童たち」も守ってほしい。そんな思いが伝わってくる。

だが当事者である皇太子さまと雅子さまには、そういった余裕がないどころか対応に精一杯だった。

主に雅子さま、雅子さまの体調がすぐれないときは皇太子さまが、愛子さまに付き添って登校するようになった。それもあまり評判がよくなかったのだが、東日本大震災が起こった二〇一一年（平成二十三年）九月、四年生になられた愛子さまの校外学習に雅子さまが付き添われたことが大バッシングを招いた。親の付き添いは原則禁止なのに大がかりな護衛付きで全行程に同行し、宿泊は愛子さまと同じホテル、それも一泊十二万円のインペリアルスイートルーム。直後の東宮大夫の記者会見は荒れて、「異様な母子」「税金泥棒」といった過激な言葉が記者から出たことも報じられた。

香山さんは先ほど紹介した記事の中で、雅子さまの気持ちをこう分析している。

「公務はなさらないのに、わが子の授業参観や学校行事には出席されると批判を受けましたが、雅子さまにとっては、母親業こそ自分にしかできないことなのでしょう」

皇室で果たす役割に長く悩まれた雅子さまに対する、精神科医としての見立てだ。だが世間の反応はこのように冷静なものではなく、はっきり言うなら、否定的だった。そして、この付き添い登校は、結局二年ほど続いた。

それからややあって、愛子さまが学習院女子中等科に上がられた直後の二〇一四年（平成二十六年）、またもや欠席・遅刻が報じられた。一学期、二学期とも定期試験を欠席され追試を受けられたという。特別扱いしすぎではないかと学習院サイドが批判されたり、ご両親の「叱らないしつけ」が原因ではと言われたりもした。

だが、もっと深刻だったのは二〇一六年（平成二十八年）、中等科三年の秋だった。九月から十一月まで四十三日間、長期欠席された。

ことの深刻さが国民に明らかになったのは十二月、十五歳のお誕生日にあたって公表された写真だった。面変わりと言っていいほどおやせになり、手の節が浮き上がって見えた。六日後には雅子さまの五十三回目のお誕生日があり、翌年二月には皇太子さまの五十七回目のお誕生日があった。ご一家の映像が続けて公表される時期、愛子さまはどんどんおやせになった。

二月の写真では、お顔にほとんど肉がついていなかった。生気が感じられず、拒食症という言葉を頭に浮かべたのは、私だけではなかったはずだ。

『ザ・プリンセス　雅子妃物語』の著者でもあるジャーナリストの友納尚子さんは皇太子さま

のお誕生日より前、「文藝春秋」二〇一七年一月号に「愛子さま長期欠席とダイエットの真相」を発表。やせられた原因は、愛子さまご自身によるダイエットだとレポートした。

それによるとことの発端は、直前の夏休み。体調のよくなってきた雅子さまは、皇太子さまとともにお出かけすることが増えた。少しやせられた愛子さまもご一緒だった。すると沿道や駅で待ち受ける人々から「可愛い」としばしば声をかけられ、新学期には同級生から「細く見えて素敵だった」「洋服がお似合いだった」とほめられた。そのうれしさから炭水化物を抜くダイエットを始め、いっときは水分さえ摂らないようになったという。

「拒食症などの摂食障害にまで悪化させないために、自然に食欲を取り戻すことが最優先とされたそうです」という宮内庁関係者の証言が紹介され、散歩さえできない状態から六時限目のみ出席するまでに回復、少しずつ学校での時間が増えた。愛子さまの近況が、そう書かれていた。

読み終え、愛子さまという少女ののっぴきならない感じが迫ってきて、苦しくなった。可愛いと言われ、もっとやせたいと思うのは、お年頃の女子ならありがちなことだ。だが、水分さえ摂らないなんて、そんな域をとっくに超えている。なぜ？　何がそこまで愛子さまを？

わずか十五歳の愛子さまが抱えているものは何なのだろう。お写真に写っている、あまりにも細い少女。

第3章で、皇室を「我が家」とすることができるかできないかという話を書いた。美智子さまが努力を経て我が家とし、紀子さまもそうすることができた。最後に入った雅子さまが一人、なかなかそうできない。そんなことを書いた。

愛子さまにも同じようなことを感じる。

眞子さま、佳子さまの姉妹は少女時代、もっとのびのびされていたように見えた。眞子さまが一日しか休まずに行けた学校。愛子さまは、なかなか行けない。長男の家と、次男の家。育った環境が確かに違う。でも、それだけでは説明がつかない気がする。

世間からの視線が愛子さまには負担?

NPO法人「POSSE」代表として若者の労働問題に取り組む今野晴貴さんは、ジャーナリスト森健さんの「昭和を知らない世代の天皇観」というインタビュー(「文藝春秋」二〇一七年一月号)を受けた一人だ。一九八三年(昭和五十八年)生まれの今野さんは、愛子さまに関心があると語った。

長期欠席を知り、メディアやインターネットと皇族との関係について考えたという。インターネットで誰もが自由に発信できる時代で、不快な論評なども誰の目にも入る。そんな環境が愛子さまには負担になっているのでは。そのような視点から、ファッションや私生活が頻繁に報じられているのに不調が見られない眞子さま、佳子さまと、愛子さまの差をこう語っていた。

「秋篠宮家のお二人は、メディアに出ることを理解したうえで、それをポジティブに活かそう、ある意味楽しもうとしているように見えます。一方、彼女（愛子さま）の場合は、世間からの視線がネガティブに働いてしまっているのでは。もしそうだとすれば、お気の毒に思います」

雅子さまと愛子さまは、「母娘シンクロ」と言われる。二人で同じ髪型をし、同じ色の洋服を着て、好不調の波が重なる、と。雅子さまはカメラがお嫌いだとされ、東宮職医師団からメディアに対し、毎年のように「配慮」が要求されていた。

母の苦手なメディアだから、愛子さまもネガティブにとらえてしまうと結論するのは、短絡すぎるとは思うのだが。

オーラのすごい、ただものでない愛子さま

おやせになった写真が最初に公表されてから一年近くたち、友納さんは「愛子さまの食欲回復と大学選び」というレポートを発表した（「文藝春秋」二〇一七年十月号）。三月の中等科卒業式ではしっかりした足取りだったこと、八月の那須御用邸での静養ではふっくらとし、以前より健康的だったこと。確かに回復されているご様子と、成績優秀ゆえに、すでに進学先が取り沙汰されていることなどが書かれていた。

そして、高等科二年になられた二〇一八年（平成三十年）の夏。愛子さまは学校の留学プログラムとして、イギリスの名門イートン校で約三週間、夏季研修を受けられた。

ご帰国後、空港から住まいの東宮御所に戻られ正門を車で通過する際、報道陣に「楽しかったです」と感想を述べられた。二日後には帰国を報告するため皇居の宮中三殿を単独で参拝した。その日も制服姿の愛子さまが、車中から手を振る姿がカメラに収められた。以前とは比べものにならないほどふっくらし、ニコニコと微笑まれていた。

愛子さまがニコニコしているとホッとする。と同時に、またいつか不調になられるのでは。そんな心配が追いかけてくる。

辛酸なめ子さんは、愛子さまのことを「ただものじゃない雰囲気がある」と表現する。「週刊文春」の皇室担当記者も眞子さま、佳子さまと愛子さまを比較して、「やはりダントツにオーラがあるのは愛子さまです。人混みでも遠目に見ても、愛子さまはすぐに分かります」と言っている（文春ムック「皇室ファッション革命」二〇一七年十一月発行）。

オーラのすごい、ただものでない愛子さま。好不調の波は、そのような存在であることと引き換えなのかもしれない。

「思い悩むことに疲れて、どこか遠い所に行きたくなっています」

辛酸なめ子さんの言葉がリフレインする。

4 「合わせ鏡」を引き受ける覚悟

愛する感情をもったから嫁ぎ、耐えてきた

皇太子ご夫妻のご結婚について、雅子さまの意識は「転職」ではなかったかとこれまで何度も書いてきた。

「私の果たす役割は殿下からのお申し出をお受けして、皇室という新しい道で自分を役立てることではないか、と考え、決心した」という雅子さまの言葉から書いてきた。一九九三年（平成五年）一月、皇室会議で婚約が決まった後の会見での言葉だ。

だがもちろん、結婚は転職とはまるで違う。結婚には、前提がある。愛。人は普通、それなくして結婚はしない。

皇室会議の翌月、雅子さまの父・小和田恒《ひさし》さんと母・優美子さんが「文藝春秋」に登場した（一九九三年三月号）。雅子さまが皇太子さまからのプロポーズを受けると決断されたときのことについて、二人は以下のように語った。

〈雅子が「自分で殿下に直接お返事するつもり」だという形で私どもに申しました。「どういう風に申し上げるの？」と訊ねましたら、「それは秘密」と。ニコニコしながら「そ

れは秘密」と申しましたから、これはお受けするという返事をしたいという意味だと分かりました。〉

二十九歳の女性の華やぐ心が見えるようで、こちらまで幸せな気持ちになってくる。この「お返事」を実際にした日のことを、雅子さまは皇室会議後の会見でこのように語った。

〈殿下に「本当に私でよろしいでしょうか」というふうにうかがいました。それに対して殿下が「はい、そうです」とお答えくださいましたので、少し長くなりますけれど、私の方から次のように申しました。「私がもし殿下のお力になれるのであれば、謹んでお受けしたいと存じます。これまで、殿下には、いろいろたいへん幸せに思えること、うれしいと思えるようなことも言っていただきましたので、その殿下のお言葉を信じて、これから二人でやっていけたらと思います。お受けいたしますからには、殿下にお幸せになっていただけるように、そして私自身も自分でいい人生だったと振り返れるような人生にできるように努力したいと思いますので、至らないところも多いと思いますが、どうぞよろしくお願いいたします」。このように申し上げました。〉

同世代女子として、私なりに雅子さまの気持ちを解説するなら、「たいへん幸せに思えること」「うれしいと思えるようなこと」のところがポイントだと思う。「その言葉を信じて」承諾したというのが雅子さまの説明だが、それよりも「幸せ」「うれしい」と思えた「自分の気持ち」を信じて承諾したのだと思う。

いくら優しい言葉をかけられても、好きでない人からだったら心を動かされることはない。当たり前のことだ。雅子さまは皇太子さまの言葉に、「幸せ」「うれしい」と思えた。つまり、愛。

愛する感情をもったから、雅子さまは嫁ぐことにした。これがはっきりしていなかったら、雅子さまの嫁いでからの日々は、あまりにもつらい。逆に言うならば、これがはっきりしていたから、雅子さまは耐えてきたのだと思う。

のちに、雅子さまの病気療養が長引く気配になってきたとき、この婚約時の会見のことをあれこれ言う人がいた。承諾の言葉に加えて「雅子さんのことは僕が一生全力でお守りしますから」と言われたことを明かしたことも、批判めいて語られた。曰く、皇太子さまに対して「幸せになっていただく」とは何ごとだ、プロポーズの場での発言を公にして、これからの生活を有利にもっていこうとした、などなど。

だが「一生全力でお守りします」という決め台詞は、皇太子さまの愛の証に違いない。そう言われ、雅子さまは幸せに感じたことだろう。幸せと思える言葉をかけてくれた人に、幸せになってほしいと思うのは、ごく当たり前のことだと思う。だって、そういうことを愛というのだ。

それを後になって、いろいろ言うなんて。ここは断然、雅子さまに肩入れする。賛同してくれる人は、少なくないはずだ。

と、書いておいてなんなのだが、結局、ここだと思う。「普通、愛ってそういうものでしょ」と思うか、「皇族は普通の人ではないのだから」と思うか。どちらの側に立つか、という問題だ。

孤独な優等生同士の皇太子ご夫妻

ここからは「普通、愛ってそういうものでしょ」と思う側として、書いていく。

愛とは厄介なものだと思う。

憎しみから問題は起こるが、同じくらい愛からも問題は起こる。

雅子さまはプロポーズを受けるにあたって、プロポーズしてくれた人に「努力したい」と表明した。会見での説明を要約するなら、お互いが幸せになれるよう努力する。そう表明したのだ。

なんという真面目な女性なのだろう。進学でも就職でも結果を出してきた雅子さまだ。結婚してからも有言実行、真面目に努力したに違いない。

香山リカさんは、著書『雅子さまと「新型うつ」』の中でこう書いている。

〈やや反語的になるが、もし雅子さまが「とにかく私がやりたいのは国際親善なのです。私は今後、世界の王室と連携して大きな仕事をしていきたいのです」などと堂々と言える人であれば、もしかするともう少し回復は早かったかもしれない。〉

だが、雅子さまはそのような主張をするタイプではなかった。

評論家の福田和也さんは、著書『美智子皇后と雅子妃』の中で、「誤解を怖れずに云えば、皇太子ご夫妻は、似た者夫婦なのだと思う」と書いている。二人に共通するものとして福田さんは、「孤独」と「期待に応える」をあげている。

皇太子さまは天皇家の後継ぎという宿命のもと、小さな頃から「一人でいること」「平等であること」を受け入れてきた、と福田さん。外交官の妻として不在がちな母のもと、双子の姉として育った雅子さまは小さな頃から聞き分けのいい「手のかからない子」だったと両親も証言している。

その二人が出会い、結婚した。二人で努力をしたことは、想像に難くない。だが、雅子さまは、心を病んでしまった。そこから見えてきたいろいろなことは、ここまでに書いてきた。

美しい物語を紡げなかった、それだけのこと

ご結婚よりだいぶ前、皇太子さまが浩宮さまと呼ばれた少年時代に時計の針を戻す。

一九七四年（昭和四十九年）十月、美智子さまは四十歳の誕生日を前にした記者会見で「内助の功」についての考え方を問われ、こう答えた。

〈皇太子様のお仕事は寂しいことかもしれませんが、傍からお助けするものではないような気がします。それならどうするかといわれると困るんですが、皇太子様がどこかに行く時に、一緒に行きなさいといわれた時に、行くことが内助の功と思います。〉

皇太子という仕事はどこまでいっても孤独である。だから自分は関与できない。ただただ寄り添う。美智子さまの哲学は、四十歳にして完成している。

この会見では、十四歳の浩宮さまのことが話題になった。その二カ月前、浩宮さまはオーストラリアに行かれた。「初めての海外旅行で、だいぶ成長されたのでは」と質問した記者に答える中で、美智子さまがこう述べられた。

〈私一人の感じでいえば、浩宮の人柄の中に、私でも習いたいというような美しいものを見出しています。〉

将来、天皇という地位につく長男に「美しいもの」を見ると語る美智子さま。皇室の中で哲学を完成させ、そこに参画した者として、美しいストーリーを紡いでいこうという決意表明のようにも聞こえる。

美智子さまの歴史を「勝利伝説」と表現したのは、御厨貴さんだ。それはまさに、天皇の退位を前にした皇后としての最後の文書（二〇一八年十月、八十四歳の誕生日にあたって）まで貫かれた、ほころびることのない美しい勝利伝説だろう。

浩宮さまは皇太子さまになり、雅子さまという伴侶を得た。だがそこから始まったストーリーは、「美しいもの」だけで紡がれるというわけにはいかなかった。

「普通、愛ってそういうもの」派だということを再度表明した上であえて書くのだが、「美しいもの」だけで紡がれなかったから、なんだというのだ。愛は厄介なものだ。お二人もそうだった。それだけのこと。何か不都合があるだろうか。

お二人だって、美しくストーリーを紡いでいきたかったに違いないし、そのための努力をしたに違いない。だが、美智子さまの「ただただ寄り添う」という哲学は、あくまで美智子さまのものだ。雅子さまの腑には落ちなかったのだろう。皇太子さまは愛する雅子さまが腑に落ちるよう、さまざまな努力をされた。あがいた、と言っては失礼か。

世間に悩みごとがあるように、皇室にもある

自己実現とは何か。心の病とどう向き合うか。悩む我が子をどうするか。皇室の抱えている悩みは、いつ誰が抱えてもおかしくない悩みばかりだ。だから皇室は、国民の合わせ鏡なのだ

と思う。いつもはあまり意識していない自分の後ろ姿を見せてくれる鏡。

世間に悩みごとがあるように、皇室にも悩みごとがある。

皇室なのだ、特別な存在なのだ、美しくあれ。そういう論理はもう通用しないことを、目の当たりにしてきたのが平成だった。あとは理解し、さらには納得する。それが国民にできるかどうか。


雅子さまと皇太子さまを「似た者同士」と福田和也さんが指摘した『美智子皇后と雅子妃』。出版されたのは二〇〇五年（平成十七年）で、皇太子さまによる「人格否定発言」があった翌年だ。

「人格否定発言」後の流れをざっと振り返るなら、皇太子さまは「新しい公務」に言及し、秋篠宮さまが「公務は受け身的なものでは」と述べ、陛下は「皇太子の発言の内容については、（中略）私に十分に理解しきれぬところがあり」と語られた。天皇ご一家の中の考え方の違いと戸惑いが明らかになり、「美しいストーリー」の本格的なほころびがあらわになった。

国民全体に生じた少なからぬショックを背景に、福田さんは「皇太子さまと同年生まれ」の立場から分析を進めていった。そして、出てきたのが、この言葉だった。

〈近代における皇室のあり方が、一つの臨界点を迎えているのは、否定できないことであ

る。〉

臨界点。重い言葉だ。福田さんは「臨界点を迎えている」としたが、これは「まだ臨界点の手前だ」という表現だろう。臨界点を超える前に考えよう。それが福田さんの問題提起だったと思う。

なぜなら、皇室は臨界点を超えるわけにはいかない。憲法第一章に「天皇」が規定されているのだ。解散するわけにはいかない。

皇室が開かれて、その後はどうするのか

「人格否定発言」以来、皇室は揺れ続けた。二〇〇八年（平成二十年）、宮内庁長官が定例記者会見で「愛子さまの参内が依然として少なく、両陛下が心配しておられる」と発言した。父と長男とその娘の疎遠。まるで一般家庭のような天皇家の問題が表に出て、また一歩「臨界点」に近づいた様相となった。

このタイミングで「文藝春秋」が「総力特集　天皇家に何が起きている」を組み、識者を集めて座談会を開いた（二〇〇八年四月号）。これまでにも何度か引用したが、議論は雅子さまの病状が中心となり、何が彼女をそうさせているかについての意見がそれぞれの立場から語られた。

その中で御厨貴さんが、こう発言している。

〈実は、皇室を考える、というのは、国民にも覚悟を迫る問題なんです。女系天皇の議論でもわかるように、本質的な改革を行おうと思えば、すぐに皇室典範と憲法の改正に直結する。

「開かれた皇室」を目指した戦後の天皇制は、いまや国民総監視下の天皇制といっていい状況にまで行き着いてしまったのですが、国民は監視はするけれど、皇室がどうあるべきか、ということになると、何も言ってくれない。〉

御厨さんは、ここでまず「国民の覚悟」を問うた。

若い男性皇族が悠仁さまだけという現状を踏まえ、制度的な問題をどう考えますか。そういう問題提起だ。二〇一六年（平成二十八年）、「皇太子への譲位」を強くにじませる陛下のビデオメッセージが発表された後、御厨さんは「天皇の公務の負担軽減等に関する有識者会議」の座長代理になった。が、結局、陛下の退位は皇室典範と憲法の改正ではなく、特例法でなされると決まった。

制度面での問題提起は先送りされてしまったわけだが、後段で御厨さんはもう一つ、問題提起をしていた。「開かれた皇室」のその後、皇室はどうあるべきですか、と。

「すばらしい皇室」を求める時代は終わった

これについての解は、平成を生きる人々からある程度出てきているように思う。正解かどうかはさておき、案外シンプルな解だ。

たとえば脳科学者の茂木健一郎さんは、一九六二年（昭和三十七年）生まれ。皇太子さまの二つ下で、雅子さまの一つ上にあたる。

彼も「婦人公論」の「プリンセスたちに、なぜ注目が集まっているのか」（二〇一五年十一月十日号）に登場、「皇室の存続」について語っていた。理系の人らしい、すっきりした意見だ。

〈皇室にとって一番大切なのは、存続し続けることですよね。では、存続のために欠かせないものは何か。それは、多様性なんです。均一な集団は環境変化に弱い。多様性こそが存続を維持するのですよ。〉

だから、美智子さまはすばらしいが、雅子さまが同じようである必要はない。眞子さまも佳子さまも愛子さまも、「自分らしく」あればそれでいい。そう結論していた。「プリンセス」がテーマだから女性皇族に限った話になっているが、これは皇室全体への一つの解だと思う。

同じような意見は、もっと若い憲法学者・木村草太さんも語っていた。

一九八〇年（昭和五十五年）生まれの木村さんは、同世代の人々の天皇への関心が高くない中、それでも天皇が国民から敬意を得られていることに、「陛下のたゆまぬ努力」を感じているという（「文藝春秋」二〇一七年一月号「生前退位考──昭和を知らない世代の天皇観」）。

そこで木村さんが示したのは、「すばらしい天皇像を国民は求め続けるべきではない」という認識だ。その理由は、新しい天皇が即位したときには新しい天皇のあり方を尊重すべきだから、と木村さんは言う。

茂木さんと木村さんに共通するのは、「らしさ」を認めようという思いではないだろうか。皇室はこうあるべきという「らしさ」ではなく、その人らしさを認める。そこから新しい皇室像が生まれ、存続へとつながる。そんなシンプルな道筋が見えてくる。

このことは、宮内庁関係者ももう、薄々感じていると思う。

二〇〇七年（平成十九年）、朝日新聞編集委員だった岩井克己さんは福田和也さんと対談する中で、ある宮内庁職員の言葉に言及した（「文藝春秋」三月号）。引用する。

〈宮内庁の長老格が、ある日ふっと「そうは言っても、美智子さまのような皇太子妃はもう二度と現れないだろうという時代になったんだから、そこをどう考えていくか……」と洩らしました。賢所で宮中祭祀にたずさわる内掌典《ないしょうてん》として、若い女性に来ていただくのも大変な時代です。原理主義的に、雅子妃だけを、自覚が足りないと責めるばかりでは事態は改善されないし、お気の毒かもしれませんね。〉

「特別な存在」として、国民が皇室の構成員に期待したことに、ことごとく百点満点の回答を出してくる女性。それが、美智子さまだった。そんな奇跡は、二度と起きない。国民がとっくに気づいている事実に、宮内庁の人が気づかないはずがない。

皇室の構成員といえども「あるべき姿」ではなく「その人らしさ」を見せていく。そういう時代なのだと思う。それは「人間として」の姿だと、肩に力を入れるのは昭和まで。平成は多分、「普通に」生きようとする構成員たちが、もがき苦しむ姿を見せた時代だった。

人のありようは、時代と無関係ではない。皇室の構成員は、時代のありようを見せてくれる。我々も時代とともにある。見えていない後ろ姿を見せてくれる、「合わせ鏡」としての皇室。それは、時代への「問題提起」と言い換えてもいいだろう。

そういう意味で、皇室は「特別な存在」だ。

それを引き受ける。その覚悟をする。そういう時代だと思う。

おわりに

きっかけは二〇一三年（平成二十五年）四月、集英社の少女マンガ誌「マーガレット」の創刊五十周年記念号だった。

一九七〇年代に大ブームとなった『ベルサイユのばら』の新作を池田理代子さんが四十年ぶりに描き下ろし、付録につけたところ売り切れ続出、六月になって「マーガレット」本誌に再掲載したが、こちらも大人気となっていた。

そのような事態について、何か書かないか。旧知の「WEBRONZA」の編集者がそう声をかけてくれた。第1章2「マリア・テレジアからマリー・アントワネットへの教え」にも書いたように『ベルばら』は大好きだ。当然『ベルばら』論を期待されていることも承知していた。

だが、そのとき私の心に浮かんだのは、「週刊新潮」だった。第1章4「『宮内庁からの抗議文』に浮かぶお姿」に書いた「『雅子妃』不適格」の記事が掲載されている真っ最中だったのだ。

新聞社に入社し、週刊誌の記者や書籍編集者として皇室報道に携わってきた。新聞社ならではの規範というか、皇室報道における節度のようなものが身についていた。その目からは大胆すぎる記事だと思っていたが、書きたいのはそのことではなかった。

宮内庁が最大級の抗議を新潮社にしていて、その抗議文から美智子さまのお姿が垣間見えた。そのことへの感慨を書きたかったのだ。

本著に書いたので、その内容は繰り返さない。短いコラムだったが、私の中の「美智子さま像」をまとめることができ、同時にある思いが確かになった。

美智子さまのことを考えることは、皇室と皇室を取り巻く環境と、そこで起きているさまざまな問題を考えることになる。そういう思いだった。

新聞記者をしていた時期もあるが、宮内庁の記者クラブ（宮内記者会）に所属したことはない。直接情報のない代わりに、一般の人と同じ目線で考えることを徹底してきた。

美智子さまと同世代の女性たちが美智子さまを応援している気持ちは、その娘世代として実感していた。母世代に共通する「嫁」という立場。そこから美智子さまの置かれた状況と、彼女らの熱い支持を考えた。

男女雇用機会均等法一期生たちの雅子さまへの思い入れは、身近にいる均等法一期生たちが教えてくれた。私は均等法以前に入社している。会社に対しての考え方が、彼女らと私とで全く違うことを実感していた。それが雅子さまの病を、深く考える入り口となった。

この本も、そのような手法で書いた。

そして書き上げた今、不思議な数字について考えている。「はじめに」で天皇陛下の記者会見のことを書いた。「私」という言葉が全部で十五回出てきた。美智子さまについて言及してから急に増えた、と。

美智子さまの八十四回目のお誕生日は、陛下のお誕生日の約二カ月前、十月二十日だった。そのときに公表された文書を、同じ視点で読み返してみた。

「私」という言葉は、四回だけ出てきた。代わりにというべきか、十五回あったのが「陛下」という言葉だった。

美智子さまの根底に、「四回と十五回」があるのだと思う。そういう方が皇室に入り、それを貫かれた。そのことこそが奇跡なのだと、しみじみ思う。

ちなみになのだが、陛下は会見で「皇后」という言葉を五回使った。「四回と十五回」の方が寄り添われ、陛下は「十五回と五回」の旅を無事に終えられようとしている。それもまた当然ではなく、奇跡なのだと思う。

二〇一九年（平成三十一年）、陛下と美智子さまが退位され、皇太子さまと雅子さまの新しい時代が始まる。

雅子さまはこのところ、めきめきと回復されている。十二月九日の五十五歳のお誕生日に公表された文書では、「少しでも皇太子殿下のお力になれますよう、そして国民の幸せのために力を尽くしていくことができますよう、研鑽《けんさん》を積みながら努めてまいりたいと思っております」とお気持ちを綴られた。

「ありのまま」が、これからの皇室のキーワードになると思う。本文でも書いたが、美智子さまを規格とした完璧な「皇室らしさ」ではなく、「その人らしさ」。そういう方々で構成される皇室と、国民が向き合う。それが次の時代になるはずだ。

雅子さまは努力家で、努力の先に結果を出してこられた方だ。長い療養生活を送られてきたが、いよいよ本番を間近に控え、静かに張り切っていらっしゃると、勝手に拝察している。張り切りすぎず肩の力を抜いて、そして心から国民と向き合っていただけたら。この本を書き終えた私の、僭越は承知の上での正直な願いである。

最後に、お世話になったたくさんの方々へ、お礼を申し上げたい。

まずは、皇室について長きにわたり取材されてきたジャーナリストの方々、そしてさまざまな立場から皇室を研究されてきた専門家の方々。本文でも取り上げさせていただいたご著書やご発言に、たくさんのことを学ばせていただいた。尊敬するそのお仕事ぶりには及ぶべくもないのだが、おかげでなんとか考えをまとめることができた。

　そして「ベルばらと週刊新潮」はじめ、皇室関連のコラムを折々に書かせてくださった「WEBRONZA」の高橋伸児さん。そのコラムを読んで、出版の決断をしてくださった幻冬舎編集部の小木田順子さん。お二人がいて、この本は世に出ていくことができた。

　みなさま、本当にありがとうございました。この本が大勢の人の手に届くことで、みなさま方へのご恩返しの第一歩となれたら。そんなことを思っています。


二〇一八年（平成三十年）十二月の終わりに　　　　矢部万紀子

著者略歴

矢部万紀子《やべまきこ》

一九六一年生まれ。コラムニスト。

八三年朝日新聞社に入社し、記者に。宇都宮支局、学芸部を経て、「アエラ」、経済部、「週刊朝日」に所属。

「週刊朝日」で松本人志のコラムを担当、連載をまとめた『遺書』『松本』（ともに朝日新聞出版）はミリオンセラーになる。

「週刊朝日」副編集長、「アエラ」編集長代理を経て、書籍編集部で部長を務め、二〇一一年、朝日新聞社を退社。

シニア女性誌「いきいき」（現「ハルメク」）編集長となる。一七年に株式会社ハルメクを退社し、フリーランスで各種メディアに寄稿している。

著書に『朝ドラには働く女子の本音が詰まってる』（ちくま新書）がある。

幻冬舎新書 539

美智子さまという奇跡

二〇一九年一月三十日 第一刷発行
二〇一九年六月二十五日 第二刷発行

著者 矢部万紀子
発行人 見城 徹
編集人 志儀保博
発行所 株式会社 幻冬舎
〒一五一-〇〇五一 東京都渋谷区千駄ヶ谷四-九-七
電話 〇三-五四一一-六二一一(編集)
〇三-五四一一-六二二二(営業)
振替 〇〇一二〇-八-七六七六四三
ブックデザイン 鈴木成一デザイン室
印刷・製本所 株式会社 光邦

Printed in Japan ISBN978-4-344-98540-7 C0295
や-17-1
幻冬舎ホームページアドレス https://www.gentosha.co.jp/
*この本に関するご意見・ご感想をメールでお寄せいただく場合は、comment@gentosha.co.jp まで。